NOOSPHÈRE

NOOSPHÈRE
Revue trimestrielle éditée par
l'Association des Amis de Pierre Teilhard de Chardin
114, rue de Vaugirard 75006 PARIS
Tél.: 01 42 84 13 71
Courriel: secretariat@teilhard.fr
Directeur de publication: Hilaire Giron
Rédacteur en chef: Jacques Masurel
Comité de rédaction: Gérard Donnadieu, Hilaire Giron , Léonard Lièvre, Jacques Masurel, Mercè Prats, Jacques Printz, Jean-Philippe Selles, Alex Wang

ADHÉSION ET ABONNEMENT

Je souhaite adhérer à l'Association des Amis de Teilhard de Chardin **et/ou** m'abonner à la revue **Noosphère**.

Nom

Prénom

Adresse

Code Postal

Ville

Tél.

Courriel

Abonnement à la revue avec adhésion:	☐ 83 euros
Adhésion seule:	☐ 45 euros
Abonnement seul:	☐ 38 euros
Adhésion bienfaiteur (*avec revue*):	☐ à partir de 100 euros

Un reçu fiscal vous sera envoyé.

Bulletin à retourner accompagné du règlement par chèque à l'adresse suivante:
Association des Amis de Pierre Teilhard de Chardin
114, rue de Vaugirard, 75006 PARIS

Commission paritaire: 0524G81651

Sommaire

Association des Amis de Pierre Teilhard de Chardin

SAINT-LÉGER ÉDITIONS

Éditorial

Idéologie de substitution...

Jacques Masurel

Alors que nos demandes avaient été jusqu'ici déboutées, nous avons aujourd'hui le grand plaisir d'annoncer à nos chers lecteurs que leur revue vient d'être agréé par le Centre National du Livre (CNL).

Au-delà des subventions qui accompagnent cette reconnaissance, ce qui nous a grandement satisfait fut d'apprendre la décision du jury avait été motivée par le constat que, plus que par le passé, notre revue se proposait d'inscrire la pensée de Teilhard dans l'actualité. Désormais, pour le CNL, Noosphère est considérée comme une revue philosophique contribuant, à l'aune de la pensée de Teilhard de Chardin, à provoquer des réflexions sur le monde d'aujourd'hui.

Force est ici de constater que nous vivons actuellement dans un monde devenu sans futur. De son tréfond remontent des concerts de plaintes et de gémissements, parfois légitimes mais ne justifiant pas le pessimisme ambiant. Le nihilisme est devenu l'idéologie dominante.

Tout ce qui, au fil de l'histoire, avait donné du sens nos existences s'est peu un peu délité. La croyance au progrès et avec lui la foi en un avenir meilleur, le respect de valeurs considérées comme intangibles et même les religions, ne semblent plus parvenir à inspirer la sagesse. En guise d'idéologie de substitution c'est l'écologie, sous ses aspects les plus punitifs, qui a envahi les esprits.

Ce constat est d'autant plus pénible qu'avec Teilhard de Chardin nous disposons d'une vision du monde qui permet de ne pas désespérer de l'avenir, d'une vision qui, comme l'avait parfaitement mentionné son auteur, a vocation à être actualisée et à se répandre. Une pensée qui après la vague de narcissisme qui déferle actuellement sur le monde pourra contribuer à remettre les valeurs chrétiennes au centre du jeu si elle n'est pas emprisonnée par de sourcilleux « gardiens du temple » !

C'est ce à quoi s'emploie, bien modestement, votre revue.

En espérant être en mesure de poursuivre sa tâche au cours de l'année qui s'ouvre, toute l'équipe de rédaction vous présente ses meilleurs vœux.

Science et Adoration

Du cantique des créatures à l'hymne à la matière

par Gérard Donnadieu

À la fin de sa vie, le Père Teilhard rédige un étonnant petit texte[1] dans lequel il montre que le chrétien adonné sans restriction à la recherche scientifique ne peut conserver à l'identique son corpus de croyances religieuses tel qu'il lui a été transmis par une église restée prisonnière de la tradition dogmatique du concile de Trente. Il y écrit : « *Dire par conséquent à un Religieux de faire des Sciences sans lui permettre, en même temps, de repenser toute sa vision religieuse, c'est lui donner une consigne impossible, et le condamner d'avance à des résultats médiocres, dans une vie intérieure divisée.* »

Pour Teilhard, aucun chercheur digne de ce nom ne peut travailler que soutenu par la conviction de devoir pousser le plus loin possible sa recherche. Et cela dans la perspective, au moins sous-jacente, de contribuer ainsi à la construction d'une *Noosphère* se profilant à l'horizon de l'Humanité. Or, le Christ de l'En-Haut du christianisme traditionnel ne peut suffire pour soutenir et nourrir un tel engagement dans le Monde. Il y faut aussi un Dieu de l'évolution, un Christ de l'En-Avant, le Christ Oméga. Seule une christologie nouvelle rassemblant dans un même Christ Universel les propriétés de l'En-Haut et de l'En-Avant sera capable de dépasser la vieille opposition Terre-Ciel « *par la formule nouvelle : Au Ciel par l'achèvement de la Terre* ». La Terre, et bien entendu la **matière informée** qui la constitue, prennent alors dans cette christologie une valeur sacrée.

Cette admiration pour la nature créée, attitude se traduisant spontanément en louange pour le Créateur n'est pas chose nouvelle, mais elle se trouve renforcée par cette nouvelle christologie. Comment et de quelle manière ? C'est là où la réponse de Teilhard va se révéler particulièrement subtile.

Le christianisme, comme beaucoup de religions, a toujours vu dans la Nature l'œuvre d'un Dieu créateur.

1. Intitulé *Recherche, Travail et Adoration*, daté de mars 1955 à New York, cet essai se trouve au tome 9 des Œuvres complètes, *Science et Christ*, pages 281-289

L'admiration des créatures est déjà au cœur des récits de création de la Genèse, dans de nombreux passages des psaumes, dans les écrits de sagesse et jusque dans la prédication du Christ telle que racontée dans le Nouveau Testament. En quelque sorte, la nature est un livre qui ne nous est pas donné en clair mais que nous avons à déchiffrer avec les yeux de la raison éclairée par la foi ! D'où la nécessité de recourir à la science pour opérer ce déchiffrement puis de laisser parler la foi. C'est ce que reconnaissait le jésuite Georges Coyne, Directeur de l'Observatoire du Vatican, lors d'une conférence donnée en 2006 à l'Université de Floride[2] : « *Nous n'avons pas besoin de Dieu pour expliquer l'univers tel que nous le connaissons aujourd'hui. Mais, une fois que je crois en Dieu, l'univers tel que je le connais aujourd'hui m'en apprend beaucoup sur le Dieu auquel je crois* ».

C'est cette idée que reprend le pape François dans son encyclique *Laudato Si*. Derrière son expression « *Livre de la nature* », il y a l'idée que la nature n'est pas un simple décor sur fond duquel se déroulerait la dramaturgie humaine ; la nature possède une valeur propre, indépendamment de celle de l'espèce humaine. Considérer la nature comme un *livre* invite donc à une démarche intellectuelle qui honore la raison sans pour autant congédier la dimension émotive de la contemplation comme le pape l'écrit au n° 85 de l'encyclique : « *Contempler la création, c'est aussi écouter un message* » ou encore « *Dieu a écrit un beau livre dont les lettres sont représentées par la multitude des créatures présentes dans l'univers* ». Dimension intellectuelle et dimension esthétique sont ici associées. Le pape François entend retrouver un certain regard mystique sur la création : « *Le Seigneur (...) invitait ses disciples à reconnaître dans les choses un message divin* » dit-il au n° 97. Et à l'instar de Teilhard, le pape propose « *d'arriver à trouver Dieu en toute chose* » (n° 233) selon la perspective ouverte par saint Bonaventure et l'école franciscaine.

Pour le pape François comme pour Teilhard, il existe une correspondance profonde entre le Dieu Créateur et le Dieu Rédempteur. C'est un seul et même mouvement qui unit l'intention créatrice et celle de l'Incarnation. Nous lisons au n° 73 : « *Le Dieu qui libère et sauve est le même qui a créé l'univers (...) deux modes d'agir divins intimement et inséparablement liés* ». C'est pourquoi il va de soi que l'effort scientifique de déchiffrement de la Nature puisse se prolonger dans l'attitude spirituelle de contemplation de cette même Nature. Les connaissances nouvelles acquises sur le Cosmos et la Nature deviennent alors chant de louange ; la Science se prolonge en Adoration !

La prière chrétienne fera son miel de cette tradition de louange pour les œuvres de la création. On en a un superbe exemple avec le célèbre « *Cantique des créatures* » de François d'Assise, sans doute inspiré de celui du prophète Daniel et du psaume 148 :

---

2. Georges Coyne, La fertilité de l'univers : science et religion, *La documentation catholique*, N° 2362, 16 juillet 2006, p. 681

Très-Haut, Tout-Puissant et bon Seigneur, à toi sont les louanges, la gloire, l'honneur et toute bénédiction.
Loué sois-tu, mon Seigneur, avec toutes tes créatures, spécialement messire le frère Soleil, par qui tu nous donnes la lumière du jour. Il est beau, rayonnant, d'une grande splendeur, et de Toi, le très Haut, il nous offre le symbole.
Loué sois-tu, mon Seigneur, pour sœur Lune et les étoiles : dans le ciel tu les as formées claires, précieuses et belles.
Loué sois-tu, mon Seigneur, pour frère Vent, et pour l'air, les nuages, l'azur calme et tous les temps : par eux tu donnes soutien à toutes tes créatures.
Loué sois-tu, mon Seigneur, pour sœur Eau qui est très utile et très humble, précieuse et chaste.
Loué sois-tu, mon Seigneur, pour frère Feu, par lequel tu enlumines la nuit : il est beau et joyeux, robuste et fort.
Loué sois-tu, mon Seigneur, pour sœur notre mère la Terre, qui nous porte et nous nourrit, qui produit la diversité des fruits, avec les fleurs colorées et les herbes.
Loué sois-tu, mon Seigneur, pour ceux qui pardonnent par amour pour toi ; qui supportent les maladies et les épreuves. Heureux s'ils conservent la paix, car par toi, le Très-Haut, ils seront couronnés.
Loué sois-tu, mon Seigneur, pour notre sœur la Mort corporelle, à qui nul homme vivant ne peut échapper. Heureux ceux qu'elle surprendra faisant ta volonté.
Louez et bénissez mon Seigneur, rendez-lui grâce et servez-le en toute humilité.

Et de même, le Père Teilhard de Chardin compose à Jersey dans une fulgurance mystique, à l'issue de la guerre de 1914-1918 qui marqua si fortement son expérience spirituelle, cet étonnant *Hymne à la Matière*[3] qu'il présente comme une sorte d'immense louange de la création. J'en donne ci-après les principaux passages.

Bénie sois-tu, âpre Matière, glèbe stérile, dur rocher, toi qui ne cèdes qu'à la violence, et nous forces à travailler si nous voulons manger.
Bénie sois-tu puissante Matière, évolution irrésistible, Réalité toujours naissante, toi qui faisant éclater à tout moment nos cadres, nous oblige à poursuivre toujours plus loin la Vérité.
Bénie sois-tu, universelle Matière, Durée sans limites, éther sans rivages, Triple abîme des étoiles, des atomes et des générations, toi qui débordant et dissolvant nos étroites mesures nous révèle les dimensions de Dieu.
Bénie sois-tu mortelle Matière, toi qui, te dissociant un jour en nous, nous introduira par force, au cœur même de ce qui est.
Sans toi, Matière, sans tes attaques, sans tes arrachements, nous vivrions inertes, stagnants, puérils, ignorants de nous-mêmes et de Dieu.
Toi qui meurtris et toi qui panses, toi qui résistes et toi qui plies, toi qui bouleverses et toi qui construis, toi qui enchaînes et toi qui libères, Sève de nos âmes, Main de Dieu, Chair du Christ, Matière, je te bénis.
Je te salue, inépuisable capacité d'être et de Transformation où germe et grandit la Substance élue.
Je te salue universelle puissance de rapprochement et d'union, par où se relie la foule des monades et en qui

---

3. Pierre Teilhard de Chardin, *Le cœur de la matière*, Tome 13 des Œuvres, p. 89-91, Seuil

elles convergent toutes sur la route de l'Esprit.
Je te salue source harmonieuse des âmes, cristal limpide dont est tirée la Jérusalem céleste.
Je te salue, Milieu divin, chargé de puissance Créatrice, Océan agité par l'Esprit, Argile pétrie et animée par le Verbe incarné.

À la manière du psalmiste, pour Teilhard la Matière chante la gloire de Dieu. Et pour pouvoir le dire, il fonde son acte d'adoration et de louange sur sa connaissance approfondie du cosmos, de la Nature et du monde des hommes. Toute son œuvre scientifique et de prospective sociale culmine alors dans sa théologie mystique.

À lire

Chronique d'actualité

Teilhard de Chardin : de Berkeley à Saclay

Léonard Lièvre

« Le moment est venu de se rendre compte qu'une interprétation de l'Univers doit couvrir l'Esprit autant que la matière ».

Cette citation du jésuite et scientifique Pierre Teilhard de Chardin n'a peut-être jamais était autant d'actualité. En janvier 2022, en plein cœur du pôle d'excellence scientifique et atomique de Saclay, en région parisienne, doit ouvrir le Centre Teilhard de Chardin, un bâtiment de 1 600 m² dédié à la formation et au dialogue entre sciences, technologies et spiritualité. Bref un lieu de « convergence » que n'aurait certainement pas boudé ce grand penseur français ouvert au progrès de la science, à l'avancé des technologies, à la force de la spiritualité et à la sagesse de la foi.

On notera qu'au centre du bâtiment s'élèvera une chapelle ronde et conique, aussi ronde qu'un accélérateur de particules comme les scientifiques de Saclay le savent. Est-ce volontaire de la part de l'architecte ? Peut-être pas mais toujours est-il que c'est assez bien vu quand on sait que Teilhard croyait en la puissance et en l'énergie de l'Esprit sur la Matière et que l'on connaît l'enthousiasme et l'espoir qu'il plaçait dans la « capture de l'énergie nucléaire » comme il le disait lui-même, c'est-à-dire dans celle du Soleil.

Un exemple parmi tant d'autres : la visite de Teilhard au cyclotron de Berkeley, en Californie, au début des années cinquante. En parcourant les installations scientifiques et technologiques de l'université californienne, le père Teilhard a alors ce qu'il convient d'appeler de véritables fulgurances. Sa vision de la recherche scientifique et de l'avenir de l'homme est sublime. En observant ce qu'il décrit comme un « briseur d'atomes » il touche du doigt, ou plutôt de l'Esprit, le mystère du Cosmos et la place de l'Homme dans l'Univers. Écoutons- le :

« À mesure que je pénétrais ainsi plus avant à l'intérieur du monstre, c'est, comme par une sorte de graduel changement de plan, un autre groupe d'images qui s'est peu à peu substitué mentalement à la figure de l'accélérateur atomique que j'avais sous les yeux... Je ne pouvais m'empêcher de sentir et de percevoir, au-delà et autour de ce tourbillon électro-magnétique,

l'afflux concentrique d'un autre et non moins formidable rayonnement : celui de l'Humain aspiré sur moi en trombe des quatre coins de l'Espace... Devant mes yeux distraits le cyclotron de Berkeley avait définitivement disparu. Et à sa place, pour mon imagination, c'était la Noosphère tout entière, qui, tordue sur soi par le souffle de la Recherche, ne formait plus qu'un seul et énorme cyclone, dont l'effet propre était de produire, en place et lieu d'Énergie nucléaire, de l'Énergie psychique à un état de plus en plus réfléchi, c'est-à-dire de l'Ultra-humain ».

Et Teilhard de conclure : « Plus je regardais « la Recherche » se charger, se colorer de certaines puissances (Foi, Adoration) jusqu'ici regardées comme étrangères à la Science... plus je la voyais forcée, par nécessité interne, de concentrer ultimement son effort et ses espoirs en direction de quelque foyer divin ».

Qui d'autre que Teilhard de Chardin pour écrire de telles phrases ? Personne évidemment et c'est aussi pour cela qu'aucun autre que lui ne pouvait mieux associer son nom au centre en train de naître à Saclay, un des pôles d'excellence scientifique les plus importants de France et même d'Europe.

On notera au passage que si l'enthousiasme de Teilhard pour la Recherche en général et la Recherche nucléaire en particulier fleurit aujourd'hui de jolie manière sur le plateau de Saclay, cela n'est toutefois pas un gage d'avenir pour la filière nucléaire française. Outre ses difficultés internes dans certains domaines où elle doit faire face à une véritable perte de compétence et de savoir-faire (EPR...), l'abandon par le gouvernement du programme de recherche Astrid n'est, qu'on le veuille ou non, pas un bon signe. Dommage au moment où l'on assiste enfin à la prise de conscience des méfaits du réchauffement climatique et avec eux à l'urgente nécessité de produire de l'électricité décarbonée. Tous les grands pays – à l'exception de quelques pays européens – font déjà savoir qu'ils vont en avoir besoin. Auront-ils besoin de nous ? C'est à nous de répondre à cette question !

Quoi qu'il en soit, puisse le Centre Teilhard de Chardin apporter sa petite étincelle et susciter, si tant est qu'ils en aient besoin, la curiosité des 34 000 étudiants, enseignants et chercheurs de Saclay. Pierre Teilhard de Chardin, du cyclotron de Berkeley, leur lance déjà l'objet d'un débat qui pourrait bien être un défi :

> *« Il n'y a pas concrètement, de la Matière et de l'Esprit, mais il existe seulement de la Matière devenant Esprit ».*

Une voie originale pour l'Église

Père Laurent Fabre

Fondateur de la communauté du Chemin Neuf

Qui êtes-vous Père Fabre ?

J'étais un Jésuite ordinaire, né en 1940, placé par la vie « au bon moment et au bon endroit » ... avec la chance d'être arrivé après le Concile Vatican II, au bon moment du début du Renouveau Charismatique, et sur cette colline de Fourvière de Lyon, au bon endroit, en face de la Passerelle Paul Couturier qu'on peut considérer comme un prophète du mouvement œcuménique. Aujourd'hui, âgé de 80 ans, je regarde en arrière encore étonné de cette aventure communautaire débutée il y a presque 50 ans. Je ne suis plus jésuite parce que le Père Général des jésuites, Peter-Hans Kolvenbach, en 1993, m'a confirmé dans cette mission de Supérieur Général de l'Institut Religieux du Chemin Neuf... mais je me considère toujours comme « fils de saint Ignace ». Certains me présentent comme le fondateur de cette communauté nouvelle mais, dans le fond, je sais bien que sans saint Ignace de Loyola la Communauté du Chemin Neuf n'existerait pas. Il en est le véritable fondateur. Un autre jésuite, Pierre Teilhard de Chardin, en est, ce me semble, l'inspirateur.

Pouvez-vous rapidement décrire ce qu'est la Communauté du Chemin Neuf ?

La Communauté du Chemin Neuf (CCN) est une communauté catholique à vocation œcuménique. Elle compte aujourd'hui près de 2 000 membres permanents dans une trentaine de pays et 7 000 personnes au service des missions de la communauté.

La communauté tire son nom du premier lieu de groupe de prière et de vie situé au 49, montée du Chemin Neuf à Lyon. Issue du Renouveau charismatique, elle est de spiritualité ignatienne. Elle rassemble des prêtres, des laïcs engagés au célibat (hommes et femmes) ainsi que des célibataires non engagés et des couples avec ou sans enfants. La plupart des membres de la communauté sont mariés, ils sont quatre fois plus nombreux que les religieux et les célibataires consacrées.

En 1973, date de naissance de notre Communauté, nous avions l'habitude de dire : *« le Renouveau Charismatique sera œcuménique ou ne sera pas ! »* En fait, depuis le début nous évangélisons par l'unité et pour l'unité. Nous appliquons ce que Jean-Paul II a dit dans six discours officiels : « *Ce que nous pouvons faire ensemble, faisons-le ensemble* ». Nous pouvons prier ensemble, nous prions donc ensemble. Nous pouvons habiter ensemble dans une même maison, nous habitons donc catholiques-protestants-orthodoxes ensemble dans une même maison... Il ne nous est pas interdit d'évangéliser ensemble, nous évangélisons donc ensemble. Tout ce que nous pouvons faire ensemble, tout ce qui ne nous est pas interdit de faire ensemble, nous le faisons ensemble. Au fond il s'agit pour nous de vivre l'œcuménisme tout le temps, 24 heures sur 24.

La plupart de nos implantations sont dans des villes, nous sommes surtout des citadins, mais plusieurs congrégations religieuses (Bénédictins, Cisterciens, Jésuites, Chartreux, Carmélites, Dominicaines...) nous ont donné des Abbayes ou des Monastères qui deviennent de plus en plus des lieux de formations et de ressourcement dans la prière près des grandes villes (importance du silence et de la beauté de la nature). Chaque année des jeunes, des couples ou des familles partent aussi dans notre Communauté à l'étranger pour un temps de formation ou bien pour un temps de volontariat international de type humanitaire (« JET » : Jeunes à l'ETranger).

Quelle est votre histoire et celle de la Communauté ?

J'étais jeune jésuite et j'étudiais alors à la faculté de théologie sur la colline de Fourvière à Lyon. Nous avions la joie d'accueillir dans ma fraternité un étudiant américain, Mike Cawdrey, qui était membre du Renouveau Charismatique aux États-Unis. En 1967, en effet, un groupe d'étudiants catholiques de « Duquesne University of the Holy Spirit », fondée par des Spiritains – ça ne s'invente pas ! – avait fait, grâce à des pentecôtistes, l'expérience du « Baptême dans l'Esprit » (que certains nomment effusion de l'Esprit). Très vite, de nombreux groupes de prières s'étaient créés autour de cette expérience initiale et Mike, notre américain à Lyon, en faisait partie. Il nous parlait tout le temps du Saint-Esprit, à tel point que cela nous énervait un peu. Il faut dire qu'on revenait de loin dans l'Église. À l'époque, on n'en parlait pas tellement dans les Facultés de Théologie. Le concile de Vatican II avait ouvert la porte à une redécouverte de cette troisième personne de la Trinité, mais jusque-là, selon l'aveu du Cardinal Joseph Ratzinger qui deviendra Pape, l'Esprit Saint était dans l'Église Catholique vraiment le « Dieu inconnu ».

Un jour, dans une petite chapelle de la Faculté, où nous étions quatre ou cinq à prier, Mike s'était mis à s'exprimer d'une curieuse manière. Il ne parlait ni en français, ni en anglais, mais une sorte de langue inconnue. C'était le don des langues[4], comme je l'ai compris plus tard en lisant les épîtres de Paul. Je me disais : « Mais il ne va pas

4. **Note de la Rédaction** : Don des langues ou glossolalie. Prière généralement de louange à forte charge émotionnelle et prenant la forme d'une suite d'onomatopées prononcées selon une rythmique musicale improvisée. Ces phénomènes mystiques sont courants dans la plupart des religions. On le trouve aussi en musique, dans l'improvisation vocale en jazz.

bien ? Il a des problèmes ? ». C'était de manière humble, comme un petit vent de folie qui murmurait dans la sage et savante Faculté de Théologie des Jésuites. Voulant vérifier les choses, j'ai discuté pendant deux heures avec lui ; et il m'a raconté comment il avait vécu une véritable conversion et comment, depuis, il essayait de vivre à l'écoute du Saint Esprit. Avec Bertrand Lepesant, un autre étudiant jésuite, nous avons eu une réaction de bon sens, à savoir chercher dans la Bible les références à l'Esprit Saint et relire les Actes des Apôtres... et nous avons eu la conviction que notre Église Catholique était appelée à vivre une nouvelle Pentecôte (comme le souhaitait si fort le Pape Jean XXIII en lançant, contre toute attente, un concile) et que nous devions vivre, à notre tour, cette expérience du Baptême dans l'Esprit.

Pouvez-vous nous raconter cette expérience ?

Nous sommes donc en 1971 et nous décidons de partir trois jours en montagne, au-dessus de Grenoble. Nous sommes avec Mike et deux épiscopaliens américains, arrivés là par la Providence alors qu'ils se rendaient à Jérusalem en stop. Pour moi, être entouré ainsi de protestants est un certain combat. Et pourtant, ça va être, je peux le dire aujourd'hui, le plus beau week-end de ma vie. J'étais heureux d'être jésuite, heureux d'être en formation en vue d'être ordonné, mais je vais vivre là quelque chose qui va me transformer. Pendant la journée, nous prions et nous parlons ensemble dans une grande simplicité. Ce samedi soir j'ai senti que c'était le moment de demander qu'ils prient pour moi l'Esprit-Saint. C'est l'un des deux épiscopaliens, Moses, un juif converti, qui a prié pour moi. Les deux autres américains ont prié pour Bertrand. Je me souviens que je n'avais pas envie de devenir protestant et que j'ai récité tout haut un « Je vous salue Marie » ! Il ne s'est rien passé d'extraordinaire, si ce n'est que je n'ai pas dormi de la nuit. Je me disais : « N'est-ce pas un peu américain tout cela ? » Bertrand, qui lui aussi avait demandé la prière, avait très bien dormi. J'ai proposé le lendemain que nous fassions une relecture de notre soirée. J'ai partagé tout simplement le combat intérieur que je vivais et l'un des américains m'explique, tel que l'aurait fait un vieux jésuite, que plus l'on avance vers la connaissance du Christ, plus le mauvais esprit met des obstacles. Il m'expliquait exactement ce qu'on appelle la règle n° 315 dans le discernement ignatien, cela m'a beaucoup surpris de sa part sans m'apaiser pour autant. J'ai ouvert une Bible au hasard, j'ai commencé à lire le Psaume 51 que nous avons lu en français et en anglais... et j'ai vécu le moment le plus important de mon existence. J'étais monté sur cette montagne pour découvrir et comprendre le Renouveau charismatique et en fait, j'ai découvert à la fois que j'étais pêcheur et que la miséricorde du Seigneur étais grande. Je pleurais, faisant l'expérience de cette rencontre avec le Seigneur dans ma fragilité. Bertrand lui, souriait, tandis que les Américains, tout joyeux, lançaient des « Praise the Lord ! ». Je me disais que si quelqu'un nous voyait à ce moment-là, ils nous prendraient pour des fous !

En redescendant à Lyon, j'ai réfléchi et j'ai rencontré mon accompagnateur jésuite qui m'a recommandé de mettre par écrit cette expérience spirituelle. Après la lecture de cette quinzaine de pages, le Père Claude Viard m'a dit, laconiquement, que tout cela était très normal et qu'il était grand temps pour moi de vivre cela avant mon ordination. C'est ainsi que tout a commencé. Nous avons créé un groupe de prière, d'autres ont vécu la même expérience que nous.

Pendant l'été 1972, avec Bertrand Lepesant, je suis parti aux États-Unis pour rencontrer des charismatiques américains. Ce fut très convainquant pour nous. Sur place j'ai été séduit par beaucoup de choses, notamment la prière quotidienne en famille, l'aspect très spontanée des assemblées de prières, les charismes de prophétie, de guérison et de libération, la Foi dans l'action et la force de l'Esprit Saint.

Quel est dans la communauté du Chemin Neuf, votre lien avec Teilhard de Chardin ?

Nous pouvons dire que nous avons essayé de vivre ce que les secrétaires (Nadal et Polanco) de saint Ignace disaient de lui : « *Quant au Père Ignace, il avançait sur un chemin qu'il ne connaissait pas, il ne précédait pas l'Esprit Saint, mais il se laissait conduire par lui "fortiter" et "suaviter"* ». C'est ce que j'ai vécu montée du Chemin Neuf, c'est ce qui nous a donné de l'audace pour inventer des chemins nouveaux dans l'Église. L'Esprit donne force (fortiter) et joie (suaviter). Cela rejoint Teilhard qui, plus que d'autres, a compris que l'Esprit est à l'œuvre dans la création. C'est lui qui nous guide. L'Esprit n'est pas seulement l'histoire de l'Humanité apparu sur Terre il y a peu de temps. La création qui se poursuit et s'accélère est une évolution qui remonte à plus de treize milliards d'années, au Big Bang. Teilhard conçoit qu'au départ il y a la matière et l'esprit. Il écrit en 1942 : « *La matière purement brute n'existe pas. Tout élément de l'Univers contient au moins de manière infinitésimale quelques germes de conscience. La matière dite brute est certainement animée à sa manière. Les atomes, les électrons, etc. doivent avoir une étincelle d'Esprit* ». J'ai beaucoup réfléchi à partir de cette phrase. Elle a changé ma manière de penser et d'enseigner. Au fond, il n'y a pas de matière sans Esprit. C'est ce que nous apprend la vision chrétienne de l'évolution de Teilhard et il nous faut, à tout prix, capturer, comme il le suggère fort bien, cette énergie divine. Jésus lui-même n'a-t-il pas dit à ses disciples : « Recevez » l'Esprit Saint. Dans ce passage de l'évangile de Jean 20, 22 le terme grec est le même utilisé pour dire « prenez » et mangez ceci est mon corps. Le Pape François, qui lui-même a fait cette démarche, n'hésite pas à nous répéter « je vous demande de partager avec toute l'Église cette grâce du Baptême dans l'Esprit Saint ».

Quel fut votre premier contact avec Teilhard ?

J'ai médité, il y a cinquante ans, avant le noviciat, la *Messe sur le Monde* et d'autres textes qui me parlaient beaucoup. Ma formation de jésuite m'a par la suite beaucoup aidé à prier quotidiennement et à contempler « pour obtenir l'amour » comme disait Saint Ignace. Mais je ne me rendais pas compte à quel point cela était aussi le message de Teilhard. C'est depuis environ cinq ans seulement que, relisant Teilhard alors que j'étais malade, j'ai été frappé de nouveau par sa vision. Je me suis rendu compte que le Chemin Neuf est à la fois original et dans la droite ligne de sa pensée. Notre Communauté est cohérente avec la pensée de Teilhard. Au fond, je faisais du Teilhard sans le savoir. Le mot qui m'est venu à l'esprit est le mot « cohérence ». Ce que nous vivions de plus original : la mixité dans la vie religieuse ; la grande place de la femme dans notre communauté ; l'œcuménisme à Lambeth Palace, à côté de l'ancien mur de Berlin et bientôt à quelques mètres de la Cathédrale épiscopalienne *Saint John The Divine* de New-York ; la « convergence des religions » dans le Monastère de Tibhirine en Algérie, était parfaitement cohérent avec la vision de Teilhard sur l'évolution. Non seulement « Tout ce qui monte converge », mais encore « le Tout est plus que la somme de ses parties ». Il y a quelque chose d'irrésistible dans l'évolution, mais encore faut-il discerner soigneusement les risques et les chances de nos choix. Sans l'Esprit du Seigneur nous perdons pieds comme Pierre qui marche sur les eaux.

Cette cohérence a-t-elle influencé la dimension œcuménique de votre mission ?

Notre appel est de travailler pour l'unité. Nous l'avons compris dès le début. Le plus grand obstacle à l'évangélisation est la division des chrétiens. Celui qui a prié pour moi était un anglican et curieusement on nous propose aujourd'hui de démarrer à New York, à côté de la cathédrale, une formation semblable à celle que nous avons démarré il y a 5 ans à Londres, au sein du « Vatican des anglicans » sur l'invitation de l'archevêque de Canterbury. Depuis 480 ans il n'y avait plus de présence catholique à Lambeth Palace. Pendant quinze siècles les choses n'ont guère avancé entre les chrétiens et la division, notre contre-témoignage, a régné. Aujourd'hui, depuis 1910 à Édimbourg, nous commençons à nous retrouver. Depuis le Concile Vatican II, l'orientation de l'Église Catholique pour l'œcuménisme est une décision « irréversible et irrévocable ». Un pas nouveau a été franchi dans le domaine de l'œcuménisme par le Pape François qui, en plusieurs occasions, parmi les neuf figures d'unité envisagés par les théologiens (Bernard Sesboüé s.j. « La patience et l'utopie : jalons œcuméniques » Desclée De Brouwer pages 223 à 235) souligne fortement celle de son choix : La « Diversité Réconciliée ». Cette manière d'envisager comme possible l'unité visible de l'Église a été adoptée par les « Alliances confessionnelles mondiales » en 1974, par la « Fédération Luthérienne Mondiale : « Versöhnte Verschiedenheit », et aussi très sérieusement étudiée par « Le Groupe des Dombes » (Pour la conversion des églises 1991). Évidemment cette belle « convergence » dans la noosphère me paraît un fruit de l'Esprit Saint et Teilhard ne dirait pas le contraire. Quand nous avons dit « oui » à la proposition de l'Ordre cistercien qui voulaient nous confier l'Abbaye de Dombes, nous ne savions pas que leur belle bibliothèque renfermait plusieurs trésors concernant les débuts de l'œcuménisme, et que quelques lettres du Cardinal De Lubac et de l'Abbé Paul Couturier y figuraient en bonne place. C'est une joie pour moi de penser que ce beau lieu, servant souvent de refuge pour le Curé d'Ars, est devenu un Institut de Théologie à vocation œcuménique.

Dans un autre domaine, celui de l'inter-religieux, après avoir refusé deux fois (par peur et par manque de forces disponibles) de prendre la suite des moines cisterciens au monastère de Tibhirine, nous avons, à la demande de l'Archevêque d'Alger, pris la responsabilité de ce monastère (célèbre en particulier depuis le succès mondial du film *Des hommes et des dieux*). Ce lieu porte en lui un magnifique message de paix et de réconciliation au cœur du monde musulman. Nous sommes très heureux de constater que beaucoup de visiteurs, et en particulier beaucoup de musulmans viennent à Tibhirine pour connaître et comprendre ce message d'Espérance.

L'écologie intéresse-elle aussi le Chemin Neuf ?

Là aussi c'est une question de cohérence et de convergence, là aussi Teilhard nous indique à sa manière le chemin de la biodiversité, de la permaculture, de « l'union qui différencie », ou même encore de « l'écologie intégrale » chère à notre Pape dans sa magnifique Encyclique *Laudato Si*. Déjà dans le Chapître de 2009 nous avions voté une motion sur l'écologie, mais il faut reconnaître que cela ne fut pas très efficace. Il faudra attendre le chapître suivant en 2016 pour que notre communauté prenne enfin au sérieux cette urgence d'une « conversion écologique ». Dans plusieurs lieux comme à l'Abbaye de Dombes, comme à l'Abbaye de Melleray ou l'Abbaye d'Hautecombe ou de Sablonceaux, sur plus de 1 000 hectares nous sommes au pied du mur. Cela n'est pas facile de changer d'habitudes, de se convertir.

Avec humour nous pouvons dire qu'il y a une grande biodiversité des hommes et des femmes au Chemin Neuf ! Nous n'avons pas peur de nos différences dans la même communauté de biens et de vie. Couples/célibataires, noirs/blancs, Protestants/catholiques, ruraux/citadins, jeunes/vieux, asiatiques/africains... Nous sommes à la fois très proches et très différents... Nous faisons de la « permaculture communautaire » et pour se moquer de nous, un Évêque maronite au Liban, m'avait dit en arabe vous êtes une « marlouta-communauté », une « communauté-salade ». Pour lui, il me semble, c'était plutôt une critique ironique. Mais je crois au contraire que cette « diversité réconciliée », choisie dès le début de notre communauté, est une force et qu'elle est peut-être la cause d'une certaine souplesse et solidité. Moins éprouvée que d'autres par des crises, notre communauté a été sauvée par sa diversité.

Une formation particulière est-elle requise pour rejoindre votre groupe ?

Dès 1975, un cycle de formation théologique, biblique et communautaire d'une durée de trois mois ou d'un an fut mis en place. Il dure encore aujourd'hui. Il est prodigué en France, en Espagne et en Côte d'Ivoire. Dans la même période nous avons lancé la première session pour couples (nommée session Cana, un nom inspiré du lieu du premier miracle de Jésus, lors d'un mariage à Cana), qui est devenue la session la plus fréquentée du Chemin Neuf, organisée chaque année dans une cinquantaine de pays.

Votre conclusion père Fabre ?

J'aime beaucoup cette phrase de Teilhard de Chardin *« L'Amour est la plus universelle, la plus formidable, et la plus mystérieuse des énergies cosmiques »*, mais il faut la prendre au sérieux en ce sens qu'il est vraiment très dangereux d'aller contre cette « énergie formidable » qui depuis 13 milliards et 700 millions d'années crée, organise patiemment l'évolution jusqu'à nous, jusqu'à notre Humanité d'aujourd'hui. Nous pouvons contempler son action, encore « mystérieuse » à notre pensée, dans la Cosmogénèse, dans la Biogénèse, dans la Noosphère, dans la Christogénèse en la respectant le plus possible et en l'admirant. Mais le mieux est encore de faire alliance avec elle. Avec elle, sous son impulsion, il faut travailler à l'unité. Il faut composer avec cette « force universelle » de vie et c'est très risqué de la contredire, par exemple en séparant les hommes et les femmes dans la vie religieuse, en éloignant de la vie communautaire les couples et leurs enfants, en faisant fi de la biodiversité dans nos villes comme dans nos campagnes, en tournant le dos à « l'écologie intégrale » qui nous a fait naître et que nous redécouvrons : *« Bénie sois-tu, puissante Matière, Évolution irrésistible, Réalité toujours naissante, toi qui faisant éclater à tout moment nos cadres, nous obliges à poursuivre toujours plus loin la vérité. »* ... *« Je te salue, universelle puissance de rapprochement et d'union, par où se relie la foule des monades, et en qui elles convergent toutes sur la route de l'Esprit. »* (Teilhard de Chardin, l'*Hymne à la matière*).

Propos recueillis par Léonard Lièvre et Jacques Masurel

LE CHEMIN NEUF EN QUELQUES LIGNES

Fondateur et date de création : P. Laurent Fabre (1973)

Structure et organisation basées sur les trois formes d'autorité : Primauté (Responsable de la communauté), Collégialité (Conseil de Communauté, Équipes Nationales) et Communautaire (Assemblée des Engagés... Fraternités)

Nombre de pays où le Chemin neuf est installé : 34

Répartition homme / femmes : moitié / moitié

Répartition catholiques / protestants / orthodoxes / autres : au sein la population française les protestants représentent environ 2 % alors que, dans la communauté elle avoisine les 3 % (soit un peu plus que la moyenne nationale). Dans les pays comme l'Angleterre (34 % d'anglicans et évangéliques) ou l'Allemagne (29 % de protestants)...

Nombre de Monastères et d'Abbayes pris charges : 9 en France et 12 en d'autres pays.

Nombre de foyers d'étudiants pris en charge : une trentaine de foyers dont une dizaine en France.

Nombre de paroisses prises en charge : 26 (15 en France et 11 en d'autres pays)

Nombre annuel de sessions de formations : 65 sessions d'une semaine par an en France (dont 22 semaines d'Exercices Spirituels selon saint Ignace et 2 Retraites des 30 jours)

https://www.chemin-neuf.fr/

Abbaye de Melleray (11)

Cénacle de Tigery

Abbaye de Sablonceaux

Abbaye de Hautecombes

Échos du colloque annuel

Repenser la conscience dans le sillage de Pierre Teilhard de Chardin

par Chantal Amouroux

Ce texte reprend l'allocution d'ouverture du colloque annuel de notre Association, qui s'est tenu, au Centre Sèvres, les 29 et 30 novembre 2019. Les réponses des neuf intervenants qui se sont exprimés lors de ce colloque, seront publiées dans des actes à paraître au premier semestre 2020.

Avant de « repenser la conscience », il est nécessaire de se pencher sur la définition de la conscience !

Un premier essai de définition pourrait nous être fourni par Jiminy criquet, la conscience officielle de Pinocchio, dans le long métrage d'animation adapté, par Walt Disney en 1940, du conte éponyme de Carlo collodi, paru en 1881. Le message y est en effet très clair : pour devenir un homme véritable, donc un adulte socialement responsable, chacun homme doit écouter *la petite voix de sa conscience*. Elle seule peut le guider vers le bien et lui faire éviter le mal, lui permettant ainsi d' *« agir en conscience »* en toutes situations !

En effet, dans l'Occident judéo-chrétien, la conscience a été définie historiquement comme la faculté que possède le chrétien de juger du bien et du mal. Il s'agissait donc d'une conscience exclusivement morale. Et pour les chrétiens, cette petite voix intérieure était, et l'est encore, la messagère de Dieu, qu'elle soit ou non relayée par un *« directeur de conscience »*.

Mais tout va se complexifier lorsque René Descartes, en énonçant son fameux *« Je pense, donc je suis »*, va identifier en chaque homme, un *« JE, qui pense »*, c'est-à-dire une ***« réflexivité strictement immanente de l'activité mentale »***. Il va la nommer *« consciencia »* en latin, qui sera traduit ultérieurement par *« conscience »*. Et c'est ainsi que de valeur morale réservée au domaine religieux chrétien, la conscience devient une valeur subjective et envahit le domaine philosophique. La petite voix intérieure divine, devient ainsi pour Rousseau le reflet de nos sentiments, pour Kant celui de la raison, et pour Bergson, une conséquence du conditionnement social. Notre projet de recherche de définition s'avère donc complexe... Quatre philosophes tenteront de dénouer cette complexité pendant ce colloque : **Jean-François Petit a.a.**, **Bertrand Vergely**, **Michel Bitbol** et le **P. Thierry Magnin**.

Mais après les philosophes, ce sont les scientifiques qui se sont emparés de la conscience. En effet, même qualifiée de subjective, elle semble faire partie intégrante de nos pensées. Or, comme pour un scientifique les pensées sont produites par le cerveau, ils vont affirmer que la conscience est une production du cerveau ! La théorie la plus en vogue actuellement postule que la conscience n'est pas localisée en un lieu précis mais qu'elle surgit *brusquement* à chaque fois que notre attention se porte sur un des messages issus de nos sens. L'attention provoquerait alors l'embrasement d'un réseau neuronal particulier : l'Espace Neuronal de Travail Conscient ou ENTC, la perception serait alors conscientisée. Notre superbe *« Je, qui pense »* ne serait-il donc formé que d'une « succession de flashs d'attention indépendants » ?

Les neurobiologistes décrivent également un deuxième réseau de neurones, les Structures Médianes du Cerveau ou SMC, qui étant en contact étroit, entre autres avec le centre de la mémoire, serait à l'origine de « l'impression d'avoir un MOI », c'est-à-dire de l'impression que nos pensées sont « autoréférencées ». Et comme ce deuxième réseau serait activé en continu, par défaut en quelque sorte, cette impression d'avoir un « MOI » serait ainsi permanente !

Il semble donc bien que pour les scientifiques du XXIe siècle, que le superbe « moi cartésien » dont nous étions si fiers, ne soit qu'une illusion générée par des messages nerveux et chimiques entre zones cérébrales ! Ne serions-nous que des *« hommes neuronaux »* comme le disait Jean-Pierre Changeux en 1983 ?

Mais terminons en remarquant que lorsqu'un scientifique décrit la survenue d'un acte conscient par un tel dialogue neuronal, il ne définit absolument pas la conscience ! Il ne décrit que son expression. La conscience, comme la Vie, ne sont donc défini par les biologistes que par leurs propriétés ! Ceci explique la complexité des débats qui se sont déroulés autour du coma de dix années de Vincent Lambert !

Alors qu'est-ce que la conscience ? Dans le Petit Larousse on trouve une définition simple et efficace : la conscience est la capacité à *« s'apercevoir de »*. Comprendre qu'un être est conscient quand il est capable de s'apercevoir de… *« ce qui survient dans le monde extérieur et dans son monde intérieur »*. On ne peut donc avoir d'états de conscience que si notre conscience est consciente de quelque chose !

Voilà une définition simple, mais qui malheureusement nous conduit à une autre question. En effet, s'il suffit de posséder « la capacité de s'apercevoir », alors un animal qui comme l'escargot est capable de chercher les zones humides, une plante qui est capable d'orienter ses feuilles vers la lumière, et pourquoi pas aussi les bactéries qui s'orientent dans un flux chimique, doivent aussi être des êtres conscients ! Mais remarquons que si ces êtres s'aperçoivent de ce qui survient dans leur monde extérieur et intérieur, il semblerait qu'ils ne s'aperçoivent que de l'objet, mais pas de l'acte par lequel ils s'aperçoivent. Alors que l'homme, lui, s'aperçoit de l'objet et de l'acte de s'apercevoir et, encore plus fort, il peut aussi se prendre lui-même comme objet. Y aurait-il alors différents types de conscience ? Ou différents niveaux de conscience ? Pouvons-nous donc toujours nous enorgueillir d'être les seuls êtres vivants conscients de la planète Terre ? Cette difficile question de limite a été confiée à **Norin Chai**, vétérinaire au jardin des Plantes.

Il existe également une autre frontière à la conscience. Il y a ce que je perçois comme étant « MOI », mais il semble aussi exister d'autres éléments que je ne perçois pas, – ou que je ne veux pas percevoir...–, que je mets plus ou moins consciemment, dans l'immense gouffre de mon inconscient ! Cette étude de limite, c'est à **Dominique Vibrac**, philosophe et historien de la Sorbonne, que nous l'avons confiée.

Dans le sigle NBIC, à côté des Nanotechnologies, Biotechnologies et Intelligence artificielle, le « C » fait référence aux *Sciences Cognitives*. Nous devons donc nous demander pourquoi il est devenu si important de comprendre la conscience, au XXIe siècle ?

Revenons conclusions des scientifiques. En effet, si la conscience n'est qu'un dialogue électrique entre des neurones, on doit alors pouvoir capter ces ondes électriques par des électrodes implantées dans le cerveau, ou plus simplement en posant un capteur sensible sur le crâne, puis grâce à une Interface Cerveau-Machine (ICM), on doit pouvoir contrôler un simple... appareil électrique ! C'est ainsi que, ces dernières années, des tétraplégiques retrouvent l'usage d'un bras grâce à une neuro-prothèse qu'ils apprennent à contrôler par leur pensée, via un ordinateur, alors que d'autres écrivent un mail et font des achats sur Internet avec leur seul œil mobile, via une tablette ! Nous-mêmes bientôt, nous commanderons nos ordinateurs, nos portables et nos télévisions grâce à un tout petit *« bandeau de détection cérébrale »* posé sur notre front, comme un « serre-tête ». Nous ne rêvons pas ! Les premiers bandeaux de ce type sont déjà en vente sur Internet. L'un deux permet d'enregistrer nos ondes cérébrales, via une appli sur un portable, et d'évaluer ainsi l'intensité et la durée de notre méditation. Un autre permet d'apprendre à déplacer une petite balle de mousse en contrôlant par la pensée la puissance de petits ventilateurs. Des « duels de pensées » entre deux personnes équipés de bandeaux, sont ainsi possibles ! **Michel Bitbol**, le **P. Thierry Magnin**, et **Emmanuel Ransford** nous aideront à nous projeter dans ces avenirs possibles, ce dernier nous introduisant dans le niveau quantique de la matière de façon à explorer l'hypothèse d'une conscience de nature quantique.

Abordons une autre hypothèse qui est peut-être encore plus dérangeante. Les scientifiques disent enregistrer et capter la conscience produite par le cerveau, mais n'enregistrent-ils pas une conscience externe reçue préalablement par le cerveau ? Notre cerveau ne serait-il pas le récepteur d'une conscience présente dans l'univers ? Ne pourrait-il pas être, producteur et récepteur de conscience à la fois, selon les moments ? Cette hypothèse de conscience externe est âprement discutée à l'heure actuelle, à cause des nombreux témoignages recueillis sur les états modifiés de conscience, comme les EMI (Expérience de Mort Imminente), les OBE (Expérience de Sortie de Corps), les transes chamaniques, etc... qui décrivent toutes, une expansion de conscience hors du corps.

Une théorie scientifique pourrait d'ailleurs étayer cette hypothèse : celle de l'Information Intégrée ou IIT, qui attribue une conscience à tous les systèmes intégrés, c'est-à-dire à tous ceux qui sont capables de stocker et d'échanger de l'information. Auraient donc une conscience tous les êtres vivants sans exception mais aussi les systèmes artificiels et le cosmos tout entier ; la conscience du système étant proportionnelle à sa complexité. Cette hypothèse peut sembler « dérangeante » car elle donne à penser que la conscience pourrait être extérieure au cerveau, ou qu'elle pourrait être extériorisée avec l'aide de capteurs et d'interface. Elle pourrait donc facilement être stockée sur une clé USB et pourquoi pas ensuite, transmise à un robot qui pourrait survivre à la mort de notre corps organique. Et ce « robot devenu MOI » par le transfert de notre conscience pourra-t-il alors poursuivre notre aventure personnelle et nous permettre ainsi de continuer à évoluer sous la seule forme de notre esprit ?

Il est donc absolument nécessaire de se mettre « dans le sillage de Pierre Teilhard de Chardin » ! L'axe de sa pensée visionnaire est en effet la conscience qu'il voit émerger dans l'espèce humaine au cours de l'évolution. Il a ainsi décrit un esprit émergeant peu à peu de la matière. **Diane d'Audiffret** co-fondatrice de l'Association *Up for Humanness* et **François Euvé s.j.**, titulaire de la chaire Teilhard de Chardin, au Centre Sèvres, nous guideront de la conscience individuelle à la conscience collective, vers cette Humanité tant valorisée par le Père Teilhard.

Mais au fait... N'est-ce-pas par notre conscience qui nous émerveille devant les beautés de la vie ? **Bertrand Vergely**, philosophe orthodoxe, nous incitera à cet émerveillement, alors que **Dorota Anderszewska** au violon et **Marianne Lecler** à la harpe nous feront percevoir les merveilles de la musique.

C'est avec Teilhard que nous allons conclure en relisant son *Journal* à la date du 23 février 1916 (p. 43) : « Dans Studio (1898), *je suis tombé sur cette œuvre de Rodin : une tête de femme, passive et inclinée, émerge d'un bloc de pierre informe... N'est-ce-pas l'image de la conscience humaine se dégageant de la matière (au sein de la matière et ex materia : nous sommes de la matière devenue consciente par introversion, [...] nous sommes faits ([...] avec de la matière, voilà ce qu'il ne faut pas oublier...* »

***Le Sommeil*, Auguste RODIN, 1895**
(Le choix de cette sculpture n'engage que l'auteur de cette allocution d'ouverture ...)

Histoire et société

Serrage planétaire et démocratie selon Pierre Teilhard de Chardin

Michel Camdessus

Ancien Directeur général du Fonds Monétaire International

Ancien Directeur du Trésor, puis Gouverneur de la Banque de France, Michel Camdessus a été Directeur général du Fonds Monétaire International du 16 janvier 1987 au 14 février 2000.

Ancien élève de l'École Nationale d'Administration il a d'abord exercé sa carrière dans le domaine économique, au Ministère des Finances et à Bruxelles en qualité d'attaché financier à la représentation permanente française. Revenu au Trésor, il y occupa de nombreuses fonctions avant d'être nommé Sous-Gouverneur, puis Gouverneur de la Banque de France, poste qu'il a conservé jusqu'à sa nomination comme Directeur général du FMI.

Son expérience internationale l'a placé en première ligne pour appréhender les problèmes de développement et de mondialisation. Passionné par la pensée visionnaire de Pierre Teilhard de Chardin, il s'en est inspiré dans toutes ses fonctions, notamment à la Direction du FMI comme il l'exprime dans son ouvrage La scène de ce drame est le monde, 13 ans à la tête du FMI.

L'article qu'il a accepté de rédiger pour Noosphère formalise clairement la problématique actuelle de l'état du monde, les risques encourus et les défis à relever pour assurer l'équilibre et la paix.

En ce 1er décembre 2019, je m'apprête à remettre à *Noosphère* quelques remarques sur *Serrage planétaire et démocratie*. L'actualité confère à ce thème une tonalité particulière. Cette journée est, en effet, celle de la lutte mondiale contre le SIDA. C'est aussi le premier jour de la COP 25 et, enfin, pour les chrétiens, le début de l'Avent. Ancien dirigeant d'une institution internationale aux temps où la mondialisation s'imposait en toute puissance, que dire en un tel jour alors que règnent désenchantement, méfiance et tentatives de repli ? Chrétien qui a eu la chance de découvrir le Teilhard du *Milieu Divin* dès les premiers jours de sa vie adulte, que puis-je dire à mes contemporains au moment où l'Église proclame les textes sublimes d'Isaïe : « Le Seigneur sera le juge des nations [...]. De leurs épées ils forgeront des socs de charrue, et de leurs lances, des faucilles. Ils n'apprendront plus la guerre. » ?

N'étant ni paléontologue ni théologien, je vais simplement tenter :

- de discerner le sens de ces deux mots, « serrage » et « démocratie », au moment où Teilhard les employait
- et d'imaginer quels choix ils nous suggèrent à une nouvelle croisée de chemins dans l'histoire de l'Humanité, quelques décennies après les deux guerres mondiales qui marquèrent d'un trait de feu le destin de Teilhard.

SERRAGE ET DÉMOCRATIE AUTOUR DES ANNÉES 30

Lorsque le Père Teilhard emploie ces deux mots pour la première fois, il se réfère à un phénomène et à une organisation des sociétés dont il est utile de discerner l'exacte signification dans son esprit, car le choix des mots chez lui n'est jamais indifférent.

« Serrage », ce mot comporte une puissante force de pression ; il sera synonyme plus tard de « planétisation ». Il se rapproche, sans suggérer la même force incoercible, des mots « mondialisation » et « globalisation » que nous employons aujourd'hui. Teilhard l'utilise de façon interchangeable avec « compression », un autre concept évoquant une force puissante et impersonnelle. Ces mots apparaissent dans son vocabulaire alors qu'une crise économique de dimension mondiale déploie, en beaucoup d'endroits de la planète et tout particulièrement dans les pays les plus avancés, ses conséquences catastrophiques. Ils désignent un « super déterminisme général qui fait irrésistiblement se ramasser l'Humanité sur elle-même, que nous le voulions ou non, sans arrêt depuis ses origines. »[5] Il le décrira dans ses *Écrits scientifiques* (p. 370) en des mots qui restent aujourd'hui d'une saisissante actualité :

« Sous l'effet combiné d'un accroissement presque vertical de la population et d'un accroissement non moins rapide du rayon d'action (c'est-à-dire du volume) de chaque individu à la surface du globe, la Noosphère [...] après s'être épandue à l'aise dans des domaines encore inoccupés, commence décidément à se comprimer sur soi. Or cette mise progressive à l'étau n'est-elle pas accompagnée de toutes sortes de symptômes inquiétants ?

a. Épuisement rapide des ressources alimentaires et industrielles de la Terre

b. Disparition et nivellement, sous une couche de culture neutre et homogène, des différences qui avaient fait, au cours de l'Histoire, la riche variété des produits humains.

c. Mécanisation (à la fois par l'industrie, par les institutions et par la propagande) des valeurs et des pensées individuelles.

---

5. Pierre Teilhard de Chardin, *L'avenir de l'homme*, p. 163

d. Craquellement et morcellement des pays, séparés entre eux par l'excès même de la pression qui les rapproche...
e. Il est exact que l'Espèce, d'un même mouvement, se contracte sur soi et se totalise. Pas moyen d'échapper au serrage. »

Ces mots sont d'une saisissante lucidité ; on peut déjà y lire l'annonce inexorable d'une catastrophe. Il s'agit d'un serrage de l'humain, d'une mise à l'étau, dit-il, qui pourrait broyer le vivant. N'annonce-t-il pas une catastrophe dont on voit mal comment l'humain pourrait survivre ? Celui-ci ne sera-t-il pas tenté de s'y dérober par tous moyens ? Or, Teilhard se refuse à toute échappatoire. Contre cette tentation, il se « rebelle de toutes ses forces ». La radicalité de cette réponse donne à penser. Devant l'imminence d'un drame dont il pressent la cruauté, ne serait-il pas habité à nouveau par les réflexions confiées à la *Nostalgie du Front* au lendemain des effroyables combats auxquels il avait pris part une dizaine d'années plus tôt ? Les mâchoires de l'étau ne seraient-elles pas comme le Front ou la ligne de feu, la surface de corrosion des peuples qui s'attaquent, mais aussi en quelque façon, le « front de la vague » qui porte le monde humain vers ses destinées nouvelles ? Ce qu'il avait découvert alors ne serait-il pas devenu un point central de sa pensée : toute catastrophe de l'histoire est occasion d'un rebond vers son point d'aboutissement, un *Kairos*, l'occasion de nouvelles avancées vers l'ultime accomplissement ? Foin de résignation alors ou de dérobade, mais mobilisation de toutes les énergies subsistantes vers ce qui ne peut-être pour lui, il s'en expliquera dès les dernières pages du *Phénomène humain* que marche de l'humanité, à travers les phases successives de « serrage » vers un « univers irréversiblement personnalisant » et son redéploiement final de « toutes choses en Quelqu'un ».

Dès lors, toute crise nouvelle aura pour lui un air de déjà-vu. Elle appellera de tous les réponses radicales des hommes de première ligne. Lorsque la réussite même de la noosphère se trouvera en jeu, il faudra faire appel aux ressources ultimes de l'homme. Tel sera l'esprit de ses réactions à la crise de 1929 et à ses suites. « ... Dans la Noosphère, un besoin plus urgent a-t-il existé, écrit-il[6], de trouver une Foi, une Espérance, pour donner un sens, une âme, à l'immense organisme que nous construisons ? À quelle époque la crise a-t-elle été plus violente, entre le goût et le dégoût de la Vie ? Nous oscillons vraiment, de nos jours, entre les deux passions : de servir le Monde, ou de lui faire grève ».

Les défis qui s'annoncent pour le monde, en 2020, seront probablement plus graves encore que ceux qu'il évoquait près d'un siècle plus tôt. Ils sont multiples. Le « serrage » démographique est évident. Là où Teilhard décelait un « serrage » alors que la population mondiale était en 1950 de 2,5 milliards de personnes, elle est aujourd'hui de 7,7 milliards et devrait atteindre 9,7 milliards en

---

6. Pierre Teilhard de Chardin, *L'Esprit de la terre*, p. 34

2050 et plus de 11 milliards en 2100. S'ensuivent l'épuisement de plus en plus rapide des ressources naturelles, l'utilisation déraisonnable des énergies fossiles, etc. D'autres dangers, également ravageurs voire mortels pour nos sociétés, s'y ajoutent: l'augmentation continue d'intolérables inégalités et les risques liés au surarmement nucléaire, etc. Au total comme la magnifique encyclique du pape François *Laudato Si* l'observe, « aujourd'hui les prévisions catastrophiques ne peuvent plus être considérées avec mépris et ironie ». L'Humanité peut toujours se résigner à son propre anéantissement. Le risque de l'échec de la noosphère perdurera toujours car l'homme est libre. Sa liberté est le risque du plan de Dieu sur le monde. Devant des menaces de plus en plus inquiétantes, Teilhard comptait sur la capacité des hommes à imaginer et mettre en place de nouveaux « arrangements » suffisamment robustes pour que l'évolution puisse suivre son cours. Il devrait, pour cela, reposer sur une conception exigeante de la démocratie étendue désormais à l'échelle mondiale.

Démocratie

Dès les lendemains de la crise de 1929, alors que l'opinion publique européenne se divise de plus en plus violemment entre les deux totalitarismes nazi ou communiste, son choix est clair. Loin de ces idéologies mortifères et, demain, de celle des tenants d'un marché souverain, il opte pour une démocratie personnalisante et communautaire très voisine de celle qu'Emmanuel Mounier et l'équipe d'Esprit cherchent alors à diffuser. Ce choix pour lui va de soi, il est dicté par le primat de la personne auquel seules des structures de gouvernance démocratique peuvent convenir. Elles seules apportent un cadre compatible avec l'épanouissement de chacun et surtout l'« unification super-personnalisante de communion » des sociétés. L'effet de « serrage » s'accentuant, les hommes[7] ne peuvent y demeurer sans avancer... et avancer qu'en se rapprochant entre eux et en s'épaulant les uns les autres. De telles avancées portées par l'Union créatrice appelleront ces arrangements démocratiques, respectueux de toute la diversité des personnes et des groupes qui les réunissent.

« SERVIR LE MONDE »

Alors qu'à nouveau de lourdes menaces s'accumulent, quelles sortes d'avancées devrions-nous promouvoir aujourd'hui ? Comment construire un cadre démocratique mondial assez sûr ? Sur quoi pourrait-il être fondé ?

Nous sommes en effet une nouvelle fois à une croisée des chemins de l'Humanité. D'entrée, des voies sans issue sont à écarter à la lumière des tragédies du XXe siècle: les impasses des unifications totalitaires proposées naguère par le nazisme ou le fascisme même si pour certains, la nostalgie en resurgit à nouveau. Il en va de même d'un néolibéralisme qui prétendait construire la prospérité collective

---

7. Pierre Teilhard de Chardin, *Directions de l'avenir*, p. 369

sur le rejet de tout souci du facteur humain et des illusions enfin de ceux qui voudraient par des stratégies de repli nationaliste interrompre le processus de totalisation de la planète[8].

Quelles voies ouvrir alors, pour un monde qui irrésistiblement se fait un, vers une démocratie à dimension mondiale ? Faut-il en venir à l'option à laquelle Camus se rangeait lorsqu'en décembre 1957 il prononçait à Stockholm son discours de remerciement du prix Nobel : « Chaque génération, disait-il, se croit vouée à refaire le monde. La mienne sait pourtant qu'elle ne le refera pas. Mais sa tâche est peut-être plus grande. Elle consiste à empêcher que le monde se défasse. » Teilhard aurait certainement rejeté ce qu'il y a de démobilisant, de toxique même, dans ce doute sur notre capacité à tirer le monde vers l'avant. Camus exprimait là, pourtant, une option que le sens commun à toutes chances de faire prévaloir. Beaucoup la trouveront déjà raisonnablement ambitieuse. Pourtant, se contenter d'essayer d'empêcher la destruction de l'existant alors que nous vivons un processus rapide et « incoercible de serrage planétaire » c'est courir à l'échec. Comment alors affronter les défis qui viennent et poser, ce faisant, les premiers jalons d'un monde meilleur ?

Une démarche primordiale devrait consister à mieux repérer les vraies chances de notre temps pour fonder sur elles de nouvelles stratégies mondiales. L'une d'entre elles est le formidable changement d'opinion auquel la crise écologique donne lieu. Il incite certains de nos contemporains et une bonne partie de l'opinion mondiale à adopter des modes de vie et de consommation à l'opposé de ceux qui conduisent à l'épuisement des ressources naturelles. Le changement radical des modes de vie qui s'initie ainsi, loin d'être accepté par obligation de survie est très souvent perçu comme la voie d'une vie meilleure. Tel est le point de vue du Professeur Ramgopal Agarwala de l'Académie des Sciences indiennes. Évoquant l'incontournable nécessité d'un changement universel des valeurs et des modes de vie. Il voit dans ces nouvelles exigences une « bénédiction cachée » qui conduirait ses compatriotes à revenir à des modes de vie plus sains et plus conformes à leur éthique traditionnelle de modération, de frugalité, d'autodiscipline et de vie en harmonie avec la nature. Cette observation est de portée universelle. Dans le même esprit, nous devons à notre tour tenter d'identifier quelques autres « bénédictions cachées » sur lesquelles faire fond pour cheminer vers la « vie bonne » dont parlait Ricœur et bâtir une nouvelle gouvernance pour un monde qui devient multipolaire. On pourrait citer :

- la poursuite de la construction européenne, à condition de lui rendre sa dynamique, celle d'une ouverture de chacun de ses peuples aux autres et au monde pour construire ensemble un avenir plus sûr et plus prospère dans le partage ;

8. Teilhard s'en insurgeait « au point d'évolution où nous sommes parvenus, disait-il, on empêcherait plutôt la terre de tourner que l'humanité de se totaliser » *Directions de l'avenir*, p. 295

– cette révolution de la coopération et de la fraternité que la société civile opère au ras du sol dans nos pays et surtout dans bien des pays en développement alors que ces derniers se débattent dans des situations désespérées, soumis à l'arbitraire despotique de dirigeants spoliateurs et en proie à d'interminables conflits.

Serait-il déraisonnable d'escompter que stimulés par ce que Teilhard appelait « la fraction la plus espérante et la plus marchante de l'humanité »[9] de telles évolutions se poursuivent pour soutenir une action résolue des gouvernements pour la réforme de la gouvernance mondiale dans l'esprit de communion personnaliste et communautaire du Père Teilhard. Essayons d'en esquisser quelques éléments pour les années qui viennent. En leur absence, le risque serait grand de voir ces « bénédictions cachées » étouffées par la désespérance et/ou des mouvements désordonnées de rébellion collective.

Avant toute approche plus systématique, tout devrait être fait pour que les deux défis sur lesquels s'ouvre l'année 2020 soient efficacement relevés :

- faire de la COP 25 à Madrid un succès mieux suivi de respect de ses objectifs que celui de la COP 21 de Paris en 2015,
- à partir de la mise en place de la nouvelle Commission européenne, trouver les voies d'une contribution de l'Europe à une rénovation de la gouvernance mondiale de nature à promouvoir de nouvelle avancée vers un monde plus digne de l'homme. Malgré les pulsions régressives dont l'Europe et le monde sont secoués, une démarche prudente et progressive vers des objectifs très clairs devrait être engagée :
- en matière économique et financière, mettre le monde à l'abri des conséquences meurtrières d'une nouvelle crise, rendre la nouvelle organisation mondiale capable de proposer et d'impulser des solutions à l'échelle mondiale pour des problèmes insolubles à tout autre niveau, assumer pleinement, enfin, le lien intime entre les deux impératifs majeurs qui s'imposent aujourd'hui : préserver la planète et améliorer de la condition des plus pauvres notamment par un effet systématique pour inverser les courbes mondiales de progression des inégalités.
- en matière de coopération politique mondiale, renforcer les Nations Unies dans leur tâche d'orientation vers le bien commun de la communauté mondiale et tenter de fonder les perspectives d'une paix durable, non plus sur l'équilibre des arsenaux nucléaires mais sur la patiente reconstruction de la confiance entre les peuples.

Je ne puis ici qu'énumérer quelques dispositions qui pourraient être des premiers pas significatifs dans ces deux grands domaines.

---

9. Lettre à Monseigneur Bruno de Solages (16 août 1936).

Vers des finances au service d'une économie plus humaine

Pour remettre les finances au service de l'économie, il s'agit d'abord de susciter un renouveau éthique tirant les leçons de l'effondrement du système financier de 2007-2008. Il faut aussi reprendre et approfondir les travaux dans le domaine des normes et des régulations pour mieux prémunir le monde contre les craintes d'une nouvelle crise à laquelle il serait plus difficile de faire face qu'il y a dix ans compte tenu du surendettement des États. Il est également indispensable de provoquer un éveil des épargnants à un sens plus aigu de leurs responsabilités dans le placement de leur avoir. Ce nouveau comportement devrait aller de pair avec un changement fondamental dans la façon dont une surabondante épargne privée est actuellement investie. La peur du risque l'éloigne des emplois les plus indispensables. Pour sortir de cette situation aberrante, il importe que les organismes de financement public à long terme nationaux ou multinationaux changent radicalement leur stratégie et fassent, dans l'emploi de leur capacité financière, une place beaucoup plus importante à des garanties permettant d'orienter l'épargne mondiale vers les pays où la pénurie d'épargne empêche la réalisation des investissements gigantesques indispensables à travers le monde y compris en matière de changement climatique.

Au-delà de ces changements essentiels, il est urgent que les gouvernements remettent sur le métier des initiatives internationales destinées à recréer un système monétaire et financier mond al garantissant la stabilité globale. Cela passe :

- à court terme par la réforme de l'institution centrale, le FMI, en vue de lui donner les moyens juridiques et financiers nécessaires pour en faire un « prêteur de dernier ressort » et le gardien des grands équilibres dans un monde dont la financiarisat on a déréglé les instruments de régulation. La réforme, aussi, du G20 pour lui conférer la légitimité universelle qui lui manque aujourd'hui. Comment pourrait-il, tel quel, représenter une communauté de plus de 200 pays ? Il est donc nécessaire de lui donner une composition renouvelée périodiquement à partir de groupements régionaux de pays dont les membres siégeraient alternativement en son sein. Il serait alors plus légitime pour adopter pour des régulations de portée universelle.
- à moyen terme, par l'adoption d'une gestion monétaire multipolaire là où jusqu'ici le dollar dominait le système. On pourrait ainsi mieux contrôler l'évolution des liquidités ; il faudrait enfin avancer vers une monnaie mondiale à partir de la transformation du droit de tirage spécial (DTS) en une véritable monnaie internationale.

Vers une coopération politique mondiale renouvelée

L'Organisation des Nations Unies, malgré toutes ses faiblesses, s'est montrée capable d'avancées remarquables. Il n'y a guère de bonnes raisons de douter que les peuples ne puissent réunir demain, pour réaliser les objectifs de développement durable (ODD), les capacités d'énergie et d'initiative qu'ils ont montrées en 2015 pour les adopter. Il reste qu'il faudra pour cela, d'urgence, agiliser ce système et le doter d'un Conseil de sécurité renouvelé, plus vigoureux et doté d'un mandat de long terme mieux articulé avec les organisations régionales (tels que l'Union européenne) et nationales. Il peut devenir le lieu où le monde prendrait une conscience plus aigüe de ce que sont les nécessités du bien commun universel et s'entendrait sur des orientations globales qui ne pourraient être adoptées par aucune autre structure. De tels changements appellent de premières avancées, telles que :

– son élargissement pour le moins à l'Afrique et à l'Inde, et la réforme de ses règles de fonctionnement.
– la restriction de l'usage du droit de veto des cinq vainqueurs de la Seconde Guerre mondiale. La France pourrait faire un premier pas en ce sens en s'engageant et n'y recourir qu'en dernière extrémité et après une très étroite concertation européenne.
– la mise en place d'institutions suffisamment fortes pour définir, faire adopter et suivre l'application des régulations nécessaires dans deux domaines trop négligés jusqu'à récemment : les migrations et l'environnement.
– la reprise à frais nouveaux de négociations sur le désarmement y compris nucléaire à la lumière des enseignements du pape François à Hiroshima et Nagasaki.

Changer nos cultures

De tels premiers pas pourraient-ils nous engager de façon assurée vers l'avenir que nous cherchons à construire ? Les chances en seraient minimes si nous ne nous engagions pas avec la même ardeur sur le chantier du changement de nos cultures. Il nous faut reconnaître que la culture du monde d'hier nous tient encore, selon le mot de Kafka, entre ses griffes. Elle est celle du « gagner plus pour consommer toujours plus » ; rendant la cupidité politiquement correcte et s'installant partout au cœur de la culture collective ; elle est celle aussi d'une vision étroite du bien commun circonscrite aux limites de nos villes et villages ou aux frontières de nos pays. Elle mène ainsi dans toutes les réalités humaines un travail subreptice de désespérance, de division, de peur voire de haine. Elle est radicalement à l'opposé de la culture qu'un avenir meilleur appelle.

Il est donc essentiel de faire en sorte que nos cultures s'adaptent aux nouveaux horizons universels qui se précisent chaque jour. Dès l'école, les générations montantes devraient être invitées à les découvrir, à s'en émerveiller et simultanément à découvrir la dimension universelle de leur responsabilité citoyenne. Elles seront alors mieux préparées à s'engager sur les grands chantiers du bien commun universel où elles trouveront dans la fraternité leur propre épanouissement. N'ayons pas peur des mots : le chemin du réenchantement du monde, celui plus simplement de son avenir passe par là.

Tout ceci appelle un engagement qui peut être enthousiasmant de tous ceux qui – enseignants, responsables de medias, et hommes et femmes politiques – peuvent faire découvrir à l'opinion publique le sens aujourd'hui universel des responsabilités et le nouvel art de vivre appelé par le monde qui vient. Ils devraient être rejoints dans cet effort par les sagesses, les spiritualités et des religions du monde. Elles devraient en être d'actifs partenaires. Elles ont été souvent, à travers l'histoire, à l'origine des cultures du monde ; elles portent un message subversif à contrecourant de nos torpeurs et de nos défaitismes, un message de fraternité. Puissent-elles alors, de leur côté, secouer leurs propres habitudes, leur timidité parfois à s'exprimer sur des sujets qui portent au-delà des éthiques individuelles. Sans ce levain des sagesses, des spiritualités, des religions, il manquerait au monde un élan formidable vers un horizon meilleur.

Merci au pape François d'y avoir apporté avec *Laudato Si* une magnifique contribution !

Pour en savoir plus

https://www.teilhard.fr/economie_et_societe

À lire

« Tous à Assise 2020 pour changer l'économie actuelle et donner une âme à celle de demain »
Pape François

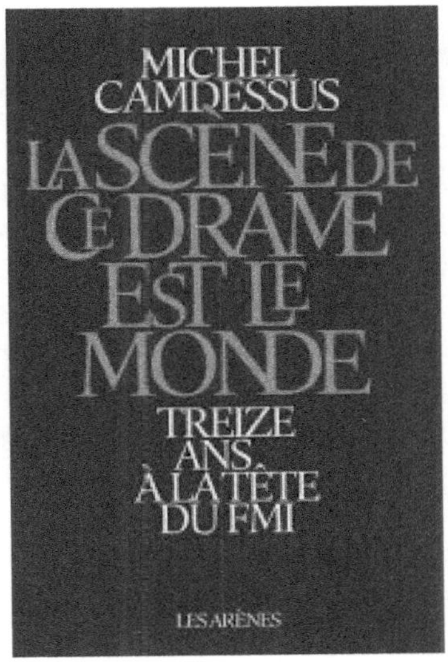

Pierre Teilhard de Chardin dans le journal de Jean de Pange

(1920-1939)

D'après une étude de Daniel couturier

Membre de l'Académie d'Angers, sociétaire de la Société des Gens de Lettre de France, journaliste, critique littéraire et artistique, membre de l'Union Française des Experts en œuvre d'art.

Il n'est jamais inintéressant de découvrir un homme que l'on connaît et l'on admire à travers son œuvre par l'intermédiaire d'un de ses contemporains. C'est sans doute ce qui a fait le succès du Journal littéraire de Paul Léautaud. Il y parlait du milieu littéraire de son temps et se croisent ainsi sous sa plume et au fil des dix neufs volumes de son journal toutes les personnalités de son temps. Il suffit d'y piocher pour être éclairer sur les qualités de l'un ou les travers de l'autre, c'est selon. Mais le plus intéressant et sans aucun doute les conversations et les points de vue des uns et des autres : ce sont des traits d'esprits pour toujours fixés sur le papier.

Le journal de Jean de Pange n'est pas celui de Léautaud mais il a ce mérite de remettre en scène le Grand Jésuite qui était aussi, à sa manière et lors de ses passages en France, un mondain. On y lit surtout la confirmation de son influence sur un milieu parisien et éclairé et, quoi qu'on en dise, beaucoup plus ouvert qu'on le dit.

En 1964, présentant le journal de Jean de Pange, la comtesse de Pange indique :

« Bien des journaux intimes ont été publiés depuis quelques années, mais peu d'entre eux pénètrent aussi profondément l'être humain que celui de Jean de Pange. On le sent vivre tel qu'il est avec ses faiblesses, ses hésitations, sa fatigue physique, mais aussi son besoin de savoir, sa recherche obstinée de la Vérité, son désir de servir dans tout ce que ce mot a de grand. Parmi tous ceux qui ont connu Jean de Pange, en dehors du petit nombre de ses amis, peu d'entre eux ont pu deviner l'intensité de la flamme intérieure de cet homme d'aspect timide et modeste, incapable de jalousie, insensible aux honneurs, désireux seulement de se donner. Pour eux tous, pour moi-même, ce *Journal* est une révélation. Suivons dans la clôture de ce jardin fermé celui dont le P. Daniélou, qui avait toute sa confiance, a pu dire : "J'ai vu là une des plus grandes âmes qu'il m'a été donné de rencontrer." Mais : le genre de narration où il excelle, c'est l'évocation des rencontres : conversations scientifiques ou philosophiques avec mes frères, [*Maurice et Louis de Broglie*]

avec Berdiaeff[10], avec Maritain, avec le P. Laberthonnière[11], avec le P. Teilhard de Chardin, avec Charles du Bos, et tant d'autres chez lesquels il cherche des raisons de vivre, de croire et d'aimer. »

Jean de Pange est né à Paris en 1881 et élevé à Vienne en Autriche, où son père était attaché à l'Ambassade de France et parlait parfaitement l'allemand. Il fut docteur en droit et chartiste. Les Thomas (nom patronyme des Pange) sont originaires de Clermont-en-Argonne où l'on trouve trace de la famille depuis le début du XIVe siècle. C'est Stanislas Leczinski, roi de Pologne et duc de Lorraine, qui érigea au XVIIIe siècle en marquisat, en reconnaissance de services rendus, le domaine que les Thomas avaient acquis à Pange, à une quinzaine de kilomètres de Metz et où ils s'étaient fait construire un château sur les bords de la Nied.

Tous les soirs, dans sa vaste bibliothèque du 55, rue de Varennes dont les fenêtres donnent directement sur les jardins de l'Hôtel Matignon il écrit ses impressions de la journée, son travail, ses lectures, ses rencontres, ses rêves.

Son journal aujourd'hui se compose de quatre tomes : 1927-1930 et 1931-1933 publiés chez Grasset respectivement en 1964 et 1967, présentés par la comtesse de Pange ; puis 1934-1936 publié en 1970 ; enfin 1937-1939 publié en 1975 toujours chez Grasset avec une introduction et des notes par son fils Victor de Pange[12] qui insiste sur le fait que « dans sa vie privée comme dans sa vie publique Jean de Pange resta toujours un « lorrain » de cœur et d'esprit. Il gardait pour la province natale de sa famille un attachement profond ce qui explique son dévouement aux Habsbourg. Beaucoup d'Alsaciens se souviennent de son attitude courageuse pour la défense de la double culture souvent incomprise. Ses idées ont finalement triomphé et la postérité jugera Jean de Pange comme l'un des précurseur du rapprochement franco-allemand après les luttes fratricides de 1870, 1914-1918 et 1939-1945. Mais cela lui valut deux internements, par les nazis comme anti-nazi (car franchement contre Hitler) et à la Libération : les mêmes causes faisant les mêmes effets (il publia *Mes prisons* en 1945 chez, Desclée et De Brouwer, ouvrage réédité chez Grasset en 1958).

Il se faisait cette réflexion : « Ce qui me hante toujours, c'est le mystère de la transformation de l'âme individuelle en âme collective. » Il pensait que les hommes pourraient être liés entre eux par un pacte spirituel semblable au serment du chevalier : « Qu'y-a t-il de plus beau qu'un hommage, une dévotion ? » C'est celui qui se fait à tous les degrés de la hiérarchie et il dira un jour, confronté

10. Nicolas Berdiaeff (1874-1948) né à Kiev, était un philosophe chrétien de langue russe et française.

11. Le père Lucien Laberthonnière (1860-1932) fut théologien, philosophe et historien. Directeur de la revue Annales de philosophie chrétienne (de 1905 à 1913), il est en butte à de vives critiques. En 1906 puis 1913, ses publications sont mises à l'index. Laberthonnière se soumet à l'interdiction définitive de publier quoi que ce scit.

12. Victor de Pange, fils du comte et de la comtesse de Pange. Il fut conseiller au Conseil de l'Europe.

au Mouvement d'Oxford que « son éducation catholique ne lui permet pas de comprendre une église sans hiérarchie et sans organisation ».

Cette interrogation sur le mystère de la transformation de l'âme individuelle en une âme collective l'incita à étudier de près l'œuvre de Herder dont il nota de nombreux paragraphes et prit une foule de notes ayant dans l'idée de rédiger sur cet écrivain et philosophe allemand un ouvrage traitant du Génie des peuples qui ne vit pas le jour hélas ! mais dont certains éléments furent utilisés dans son livre consacré à la Vie de Goethe à Strasbourg *(Goethe en Alsace*, Belles Lettres, 1925, collection Les Cahiers Rhénans).

Très proche de Maurice et Louis de Broglie, tous deux de l'Académie française et Louis, Prix Nobel de Physique en 1929, frères de le Comtesse de Pange, ce couple extraordinaire fut l'un des derniers à jouir du privilège, grâce à une grande fortune, de pouvoir organiser sa vie en fonction des vocations réciproques. Si la Comtesse de Pange se consacra à la littérature et présida la Société Staelienne qu'elle avait créée, fit de nombreuses conférences pour faire connaître l'œuvre de Madame de Stael de par le monde, Jean de Pange publia dès 1904 un grand nombre d'ouvrages et de très nombreux articles en fonction de l'actualité et de ses convictions dans les revues et journaux suivants : *Revue des deux Mondes, Correspondant, Revue de Paris, Revue Hebdomadaire, Revue de Genèe, Revue Politique, Journal des Débats, Figaro, Figaro Littéraire, Le Petit Parisien. La Presse, Le Capital, La Croix, L'Aube, Excelsior, Le Petit Démocrate, Marianne, L'Écho de Paris, L'illustration, Les Études*, dans des revues et publications Étrangères.

C'est dire aussi qu'ils avaient du fait de leur position dans la société aristocratique de l'entre-deux-guerres, une place déterminante et privilégiée ne recevant que le gratin des plus titrés d'Europe, des célébrités littéraires et artistiques, les princes de l'Église, les hommes politiques les plus en vue et l'on ne peut ainsi pas s'étonner de rencontrer le nom de Pierre Teilhard de Chardin dans cette frange aristocratique, cultivée et internationale, dont l'œuvre et la personnalité intéressaient Jean de Pange, catholique ouvert cherchant la réflexion.

Dans une note Victor de Pange indique que son père fit connaissance du P. Teilhard de Chardin en 1935 seulement, nous voyons ici qu'il n'en est rien, puisque Jean de Pange mentionne son nom déjà en 1930.

Le Père Teilhard de Chardin tint une grande Place dans son environnement, dans ses pensées et dans ses réflexions, aussi à chaque rencontre il note soigneusement conversations, échanges et pensées, regrettant parfois, pour conforter l'un de ses amis en détresse et parfois lui-même sans doute, de savoir le P. Teilhard de Chardin absent de Paris.

Ces notes, les voici avec des dates précises, Jean de Pange écrivait son journal au jour-le-jour.

26 octobre 1930.

[...] Après-midi chez Maurice de Broglie. Il a avec Leprince-Ringuet obtenu l'enregistrement des particules P du radium. Il parle du P. Teilhard de Chardin, qui a fait des découvertes préhistoriques en Chine. Nous allons à Boulogne chez Kahn[13] où un missionnaire, le P. Aupiais, projette devant la Société française de philosophie des films sur le « cérémonialisme » fétichiste au Dahomey.

26 décembre 1930.

[...] À déjeuner le P. Teilhard de Chardin, Édouard Le Roy[14], Gandilhac[15] et Louis de Broglie. Le Roy montre qu'il faut distinguer entre la nécessité et le déterminisme. Ce dernier substantif ne s'applique qu'à ce qui est déterminé, par exemple la couleur des cheveux, mais qui pourrait être autrement. Brunschvicg voudrait tout ramener à l'intelligence mathématique (il cite Louis comme modèle), mais sans conclure que l'univers soit soumis à la nécessité. À propos du début de la Genèse, et l'arbre de science, le P. Teilhard montre dans l'Ancien Testament le règne du Père, la défiance de la science. Le Nouveau Testament a ignoré la science. Le règne de l'Esprit-Saint, auquel nous tendons, devrait sanctifier la recherche.

1er janvier 1931

Dans *La Vie religieuse*, Archambault cite Maxence, *Positions* : « Un moment vient où l'inquiétude métaphysique ne porte plus sur la solution même du problème, mais sur l'intensité de la possession. Elle est alors une récompense après avoir été un châtiment de miséricorde. L'homme est inquiet dans la mesure de son amour. Il faut qu'il possède l'infini pour qu'il soit heureux. Pour qu'il soit inquiet il suffit qu'il aime. »... « La vie spirituelle est *une enquête*, elle est une marche » (À rapprocher des idées du P. Teilhard sur la sanctification de la recherche).

16 janvier 1931.

Relu la déclaration d'Einstein sur le sentiment de « religiosité cosmique » qui anime les chercheurs. Le P. Teilhard voudrait en effet que la recherche scientifique fût considérée comme un moyen de sanctification. Ne pourrais-je pas parvenir à cet état si je renonçais définitivement à toutes ces préoccupations matérielles qui ne sont que des survivances ? L'idée de l'influence du christianisme sur le droit corporatif est une grande idée, qui mérite qu'on s'y dévoue sans arrière-pensée de succès. C'est — sous l'apparence de l'organisme social, lieu commun de toutes les philosophies — c'est au fond l'idée de la charité telle qu'elle est exposée par saint Paul, idée

---

13. Albert Kahn : banquier, c'est lui qui donna une bourse à Paul-Louis Couchoud pour poursuivre ses études à l'École Normale puis passer l'agrégation de philosophie en 1901.

14. Édouard Le Roy : avait eu un de ses ouvrages condamnés par l'Index. Il était membre du jury du prix Pange-Fondation Maurice Pange (fils du couple Pange décédé à 17 ans le 11 février 1927).

15. Gandilhac étudia à Heidelberg l'œuvre et le personnage de Nicolas de Cues (1401-1464), théologien allemand il soutint l'action des papes, défendit le principe de l'infaillibilité pontificale contre les conciles et laissa une importante œuvre théologique et philosophique qui par la perspective qu'elle ouvrait au savoir humain préfigurait la Renaissance.

difficilement accessible à ceux qui n'ont pas commencé à éprouver ce sentiment. N'est-ce pas le secret de L'École des Maîtres ? Certes les savants s'honorent par le désintéressement de leurs recherches. Mais là même ils ne s'occupent guère de leurs semblables. Le culte de la vérité n'a pas la même valeur que celui de la charité.

16 octobre 1932.

M. de Caters m'ayant écrit, je lui téléphone au sujet de l'article sur Goethe qu'il veut pour demain. Je choisis Goethe et le génie latin... À 3 heures arrive Maurice de Broglie qui nous emmène en auto le long de la Seine vers Croissy. Il a dîné l'autre jour avec d'Huart[16] qui prétend voir des signes d'un syncrétisme universel ; le catholicisme perdrait son caractère personnel pour se rapprocher d'une sorte de bouddhisme, de panthéisme ; l'humanité, à la faveur de cette religion sans obligation ni sanction, se rapprocherait peu à peu de la divinité. Quoi qu'en dise d'Huart (qui allègue le P. Teilhard !) je crois que le caractère essentiel du catholicisme est le sens de la responsabilité individuelle et des sanctions. Pour voir clair en ces matières, il faut toujours se poser le problème du Mal. Le considérons-nous comme un absolu, comme un principe négateur ? Alors pour lui résister le principe personnel doit prévaloir. Il faut admettre le catholicisme au sens strict.

21 novembre 1932.

Il est évident que seule la métaphysique sociale m'attire d'une manière durable. Pauline téléphone à d'Huart pour l'inviter avec Le Roy et le P. Teilhard. Il répond que celui-ci n'accepte rien avant le 2 décembre et qu'il voudrait lui soumettre le livre de Couchoud[17], dont il lui semble que l'orthodoxie pourrait tirer parti. C'est en effet l'ancienne discussion sur *l'Évangile et l'Église*, suivant le titre du livre de Loisy[18], ou sur la lettre et l'esprit. Pour ceux qui croient qu'un esprit anime l'Église, il n'y a pas difficulté à reconnaître en lui le

---

16. Il s'agit de l'amiral d'Huart. La famille d'Huart est une famille de la noblesse belge dont plusieurs membres se sont distingués dans l'industrie (maîtres de forge), l'armée et la politique. Originaire de la province du Luxembourg. C'est Henri-Joseph d'Huart qui en épousant Fanny Nothomb lui apporta la faïencerie de Longwy que la famille conserva une centaine d'années. Ils furent également les fondateurs de l'usine sidérurgique d'Athus qui fit la richesse et la renommée de la cité. On comprend l'intérêt que le Lorrain de Pange pouvait porter à cette famille. Charles d'Huart possédait une importante biblitohèque consacrée à l'Empire.

17. Paul-Louis Couchoud (1879-1959), né et mort à Vienne dans l'Isère est un philosophe, médecin, érudit et poète français, ami intime d'Anatole France. Il est connu pour ses poèmes/adaptations du haïku japonais en français. Ses écrits illustrent la thèse mythiste de la non-historicité de Jésus-Christ qui fit polémique, en particulier avec Romain Rolland et Alfred Loisy.

18. Alfred Loisy : ancien prêtre catholique et excommunié, il fut professeur au Collège de France et acteur dans la crise catholique moderniste. Il finit par s'opposer à son ami Paul-Louis Couchoud. Sur les relations entre Couchoud et Loisy voir Philippe Niogret, la *Revue de l'Europe et les romans de l'entre-deux-guerres 1923-1939*, L'harmattan 2004 pages 154, 156.

Corps mystique. — Après-midi à la Bibliothèque nationale. Lu Couchoud et Anger : *Le Corps mystique*. Pour le mystique l'historicité est toujours secondaire. L'histoire a moins de prix que la révélation individuelle. Le problème essentiel, auquel on revient toujours, est celui de la Révolution.

24 mai 1933.

Avec Pauline chez la comtesse Pecci-Blunt qui offre le thé dans son jardin. Comtesse Keyserling, comte de Luppé, Marc Chadourne, marquise de Jaucourt, M. et Mme Nabokoff. Celui-ci vient d'écrire un oratorio sur le poème de Job, traduit par Maritain. Il habite Kolbsheim. M. Maritain a converti Mme Grunelius au catholicisme, et Grunelius la suivra bientôt. Je cause avec une princesse mongole, Nirgidma de Torhout, originaire du Si Kiang, où elle a connu le Père Teilhard de Chardin et Point. Elle porte une ceinture de fer à larges plaques, une toque, et elle a un visage plat aux traits fins et spirituels comme ceux d'un déesse Kouannon. Elle a été élevée jusqu'à quatorze ans à Pékin par une institutrice française, puis elle est allée au Japon passer quatre ans chez des sœurs françaises, mais elle ne s'y est pas convertie. Elle croit que toutes les religions sont vraies, n'admet pas qu'il y ait un « mystère de l'Asie » et se montre moderne convaincue.

20 mars 1933.

J'achève la lecture de *L'Esprit de la Terre*, par le R. P. Teilhard, trente-six feuillets dactylographiés que d'Huard m'a remis avant-hier[19]. C'est une vue intéressante de l'évolution du monde. Mais je suis stupéfait de lire, page 31 : « La religion peut devenir un opium. Elle est trop souvent comprise comme un simple apaisement de nos peines. *Sa véritable fonction est de soutenir et d'aiguillonner les progrès de la Vie* ». (Souligné par Jean de Pange). Or pour moi le christianisme est la religion du Dieu souffrant, qui participe lui-même de la souffrance inhérente à toute création. Schopenhauer a-t-il raison de dire que la doctrine du salut par la négation de la volonté est l'essence commune de l'Évangile et du bouddhisme ? Non, car la religion du Dieu souffrant ne nie pas la volonté. Elle demande seulement qu'elle soit employée à l'ascétisme, à la mortification. Pourquoi cette souffrance toujours renouvelée ? Là est le grand mystère.

24 janvier 1935.

À déjeuner Édouard Le Roy, Louis de Broglie, comte et comtesse de Brissac. Nous parlons de l'idée du P. Teilhard, qu'il faut sanctifier la recherche. Le Roy estime en effet qu'il est contraire à l'esprit du christianisme de transformer le monde en un vaste convent. Il rappelle les

---

19. Jean de Pange avait avait entendu parler du père Teilhard de Chardin dès 1933 quand l'amiral d'Huart lui donna une copie clandestine de L'Esprit de la Terre (mars 1931) qu'il tenait de l'auteur lui-même.
Ce manuscrit n'a pas été retrouvé. Peut-être Jean de Pange l'a-t-il détruit de crainte de compromettre le P. Teilhard. (notes de son fils Victor de Pange).
On a vu qu'il le rencontrait déjà en 1930. (Note de l'auteur)

paroles de Dieu au premier couple humain dans la Genèse 1, 28 : *Crescite et multiplicamini, et replete terrant, et subjicite eam, et dominamini piscibus maris, et volatilibus caeli et universis animantibus, quae moventur super terram*. Ceci signifie pour l'homme l'obligation de transformer le monde, et non de vivre dans la méditation et la mortification. Cette justification de l'expansion, de l'activité industrielle enchante Brissac.

31 mars 1936.

Mme de Montardy, cousine de Touchard, vient nous voir. Avant-hier matin, il a absorbé un flacon de soporifique qui l'a mis à deux doigts de la mort. On l'a transporté dans une clinique de Saint-Mandé et on voudrait lui faire voir un prêtre. Malheureusement le P. Teilhard est en Chine. Touchard[20] n'est pas positivement incroyant (« Il faudrait être un imbécile, me disait-il l'autre jour, pour n'avoir aucune inquiétude de l'au-delà »), mais révolté par l'isolement. Quel mystère que celui des destinées, de celles qui sentent la justice et de celles chez qui le sentiment de l'injustice fait éclater le vase !

8 mars 1939.

À 6 heures, chez Touchard qui m'a demandé de rejoindre chez lui le P. Teilhard. Celui-ci, grand, maigre, en veston, n'a pas l'air d'un jésuite. Il parle de la foi. Toute foi, dit-il, naît d'une autre foi. Elle exprime le besoin de plus en plus pressant d'aller au « pôle personnel » qui dirige le monde, ou plutôt qui le pétrit en tirant le meilleur parti de cet argile... Croire à la personnalité suffit pour créer la joie. Il cite le livre de Benson[21], *la Lumière invisible*, où tout le monde sent le ressac sur la rive de la Tamise, et où seul le voyant aperçoit les galères romaines qui remontent le fleuve. Il faut voir au-delà du sensible.

1er avril 1939.

... Je lis la confession dactylographiée du P. Teilhard : *« Comment je crois. »*... Je vais à Versailles déjeuner chez Jacques[22]. En rentrant, je m'arrête à l'Union. Louis de Blois dit que si Lebrun ne pose pas officiellement sa candidature — ce qu'il a refusé de faire jusqu'ici — il aura bien 250 voix du Sénat, mais pas plus de 150 voix à la Chambre, car une centaine de voix de la droite ne le suivraient pas s'il ne prend pas une attitude ferme. Peut-il supporter un ballottage ?

5 avril 1939.

... Je m'arrête chez l'oncle François... La mise en bière a lieu à 4 heures... Le moment le plus émouvant, est lorsque la figure du mort émerge seule, pour

---

20. Touchard : romancier, grand prix de l'Académie pour l'ensemble de son oeuvre en 1935, ami de Maurice de Broglie, le beau-frère de Jean de Pange, qu'il rencontrait régulièrement et dont il s'efforçait de calmer avec des paroles d'espoir les angoisses devant l'inconnu de l'au-delà.

21. Edward Frederic Benson (1887-1940) romancier, biographe, mémorialiste et auteur britannique de nouvelles fantastiques et romans policiers, genre qu'il aborde en 1895 et auquel il sacrifie la plus grande partie de son œuvre ; il ne fut traduit en français qu'à partir de 1985.

22. Le frère de Jean.

la dernière fois, des linges qui l'enveloppent et qu'on lui jette de l'eau bénite. Quel mystère que la vie! En sais-je plus qu'il y a cinquante ans! — À 6 heures, je vais chez Touchard comptant rencontrer le P. Teilhard. C'est Montherlant qui vient.

23 avril 1939.

Chez le curé de Saint-Séverin, réunion de la Société d'Études religieuses. Le Roy montre qu'à mesure que la place occupée par la terre et l'homme dans l'univers se réduit, on éprouve l'effroi devant ces espaces infinis voués au matérialisme. D'autre part, on ne croit plus, comme les scolastiques, que la raison humaine peut juger « sub specie aeternitatis[23] ». Pour nous, on peut épuiser un système de représentations, non une réalité. À la fin, avec le Père Teilhard de Chardin, je parle de la manière dont on peut concevoir la survie.

23. « Au regard de l'éternité. »

Pour en savoir plus

https://www.teilhard.fr/economie_et_societe

À lire

« Il lui aura suffi de mourir pour redevenir vivant[24] »

Mercé Prats

Docteur en Histoire, Secrétaire-Documentaliste de la Fondation Teilhard de Chardin

« Pour moi, ce grand Vivant n'est pas mort et c'est peut-être seulement à partir d'aujourd'hui que sa pensée va lever sur cette terre qu'il a ensemencée de sa Bonté. S'il y a un au-delà, je voudrais que ce soit lui qui m'accueillit, me tende la main comme il me la tendit ce matin-là, car jamais je ne me suis senti, par la grâce de son regard fraternel, plus proche d'un être, malgré la distance, aussitôt abolie, des cultures et des structures de pensée[25]. »

Pierre Teilhard de Chardin est décédé à New York le 10 avril 1955, un dimanche de Pâques. Jeanne Mortier, légataire de ses œuvres, prend soin d'adresser un mot à tous ceux qui l'avaient connu. Elle reçoit immédiatement des réponses – comme celle que nous venons de lire, ci-dessus – réponses qui témoignent de l'empreinte que ce jésuite avait laissée chez ceux qui avaient pu le connaître. Cependant, en 1955, il n'était pas connu du grand public. À partir du mardi qui suit ce lundi de Pâques, Teilhard de Chardin commence à être cité dans la presse. Certains articles se limitent à annoncer le décès, d'autres retracent sa carrière et beaucoup commencent à faire allusion à son œuvre. Au cours des mois qui suivent, un nombre croissant de voix se fait entendre, les articles se répondent, s'interpellent. Son absence le rend plus présent que jamais. Il est vrai que, les circonstances qui entourent cette disparition ne sont pas banales et ces articles les rappellent, parfois sobrement, en une ligne, comme le fait Maurice Nédoncelle à la fin du mois d'avril : « Le P. Teilhard de Chardin est mort subitement le jour de Pâques à New York[26]. » Mais d'autres chroniqueurs insistent sur l'un ou l'autre de ces éléments et contribuent à fonder un extraordinaire départ de vie posthume. Comment vivait-il ces derniers temps ou qui était à son chevet au moment de sa mort importent moins

24. Nous empruntons ces mots à Romain Gary. Ils font référence à l'incroyable départ de vie posthume de Martin Luther King, « un homme dont tout le monde se foutait quarante-huit heures auparavant », Romain GARY, *Chien Blanc*, Paris, Gallimard, 1970, p. 89.

25. Lettre de R. Carel (pharmacien en Haute-Savoie) à J. Mortier, 12 avril 1955, Fondation Teilhard de Chardin (FTdC), Paris.

26. M. Nédoncelle, « Pierre Teilhard de Chardin (1881-1955), un prophète des convergences humaines », *Petite revue. Supplément littéraire du Nouvel Alsacien*, 20 avril 1955.

que ce moment fondateur où il est passé de la vie à la mort.

UNE MORT SOUDAINE

Teilhard était connu pour avoir été un homme d'action, sillonnant les mers et toujours prêt à partir sur le terrain. Max Bégouën, dans *la Table Ronde* de juin 1955, se souvient du brancardier qui avait sauvé son frère au cours de la bataille d'Artois, le 25 septembre 1915. Cet homme l'avait exhorté à être « toujours en marche ».

> « Ce qu'a été le comportement du P. Teilhard au feu, le témoignage de ses camarades et de ses chefs, ses magnifiques citations et ses décorations l'attestent. Ce que je puis dire, c'est son courage tranquille, la paix souveraine avec laquelle il dominait le danger. Les tirailleurs nord-africains de son régiment le considéraient comme protégé par la *baraka*. Les nappes de balles de mitrailleuses, la grêle des bombardements, tout semblait l'éviter. [...] Je bénis l'Homme qui disait : *Soyez toujours en marche, et moi je demande à Dieu la grâce de me prendre en marche*... Il a été exaucé.[27] »

Nous ne reviendrons pas sur les années que Teilhard passe sur le front. Toutes les biographies les évoquent et, après le centenaire de la Grande Guerre, il reste peu d'éléments nouveaux à apporter à ce sujet[28]. De tous ces récits, il nous parvient l'image de l'homme d'action, se sentant davantage prêtre lorsqu'il se trouvait sur le front, au milieu des soldats. Cette mort soudaine, « en marche », lui ressemble.

Son décès n'a pas été précédé d'une longue maladie, on ne l'a pas vu perdre ses facultés ni physiques ni intellectuelles. « Comment l'aurions-nous imaginé vieillissant[29] ? », s'écrie l'abbé de Vitton dans une lettre à Jeanne Mortier. En outre, l'éloignement a empêché ses amis d'assister à l'enterrement, ils n'ont pas pu se recueillir devant le corps[30]. Ses confrères ont été tout aussi surpris de cette disparition. Uniquement le P. Leroy, père jésuite et ami de Teilhard qui se trouvait à ce moment à Chicago, a pu se rendre assez vite sur les lieux et donner quelques précisions aux *Études*. Dès la première phrase, il revient sur ce départ soudain.

> « Rien ne permettait de prévoir la mort si soudaine du Père Teilhard. Il allait très bien depuis quelques temps : son Docteur – que j'ai pu voir et interroger – l'avait examiné le Vendredi Saint et l'avait trouvé en excellente forme, la tension était un peu élevée mais ne présentait aucun signe alarmant. Le dimanche de Pâques, après avoir dit sa messe, il s'était rendu à la cathédrale Saint-Patrick pour la grand'messe. Le temps était radieux ; il s'était promené vers le début de

---

27. M.-H. Bégouën, « 1915. Au front avec Teilhard de Chardin », *la Table Ronde*, juin 1955, p. 60-64.

28. « Regarder la guerre en face ; voir au-delà », colloque international Teilhard de Chardin dans la Grande Guerre, Reims 13, 14 et 15 octobre 2017, Les Acteurs du Savoir, 2018, 405 p ; M. Prats, « Sur le Chemin des Dames », *Noosphère* n° 4, décembre 2018.

29. Lettre de l'abbé de Vitton à J. Mortier, le 18 avril 1955, FTdC.

30. P. Leroy a pu suivre le corps jusqu'à sa mise en terre, comme il le rapporte dans son livre *Pierre Teilhard de Chardin tel que je l'ai connu*, Paris, Plon, 1958, p. 46-47.

l'après-midi et était allé prendre le thé chez des amis. Il parlait debout, sans aucune excitation lorsque soudainement il fut terrassé et s'abattit sur le plancher comme frappé d'un coup de massue[31]. »

Dans cette lettre, Pierre Leroy explique comment le P. de Breuvery a célébré une messe d'une extrême sobriété, « pas un chant, tout a été récité à voix basse, y compris le *Libera* et l'*In Paradisum*[32] ». Peu de personnes étaient présentes, une dizaine au maximum, parmi lesquelles se trouvaient l'ambassadeur de France aux Nations Unies, M. Hoppenot et le docteur Fejos de la Wenner-Gren, fondation à laquelle Teilhard était rattaché depuis 1952[33]. Ce petit groupe s'est ensuite dirigé vers le cimetière, à 150 km de New York, à Saint-Andrew-on-Hudson, où le corps a été déposé dans une chapelle mortuaire qui se trouve dans cette propriété des pères jésuites, en attendant que le temps s'améliore et la tombe puisse être creusée. La presse a uniquement retenu cette mort sur-le-champ. Teilhard n'est plus. « Emporté dans un char de feu » seront les derniers mots de la biographie consacrée à Teilhard par Claude Cuénot en 1958, faisant clairement allusion à la disparition dans le ciel du prophète Élie[34]. Avec cette image, la mort de Teilhard se voit associée à la disparition d'un prophète.

Ce ravissement n'est pas source de controverses ou polémiques dans la presse. En revanche, que Teilhard soit mort à New York déclenche de vives réactions.

UN HOMME MORT EN EXIL

Des commentaires sur la carrière du jésuite, maintenu loin de Paris par ses supérieurs la plus grande partie de sa vie, fusent. Il est impossible de tous les citer.

Au lendemain de l'annonce du décès, l'historien et journaliste Claude Delmas lance des mots assez durs. Il attire le regard sur « un homme qui est mort en exil parce qu'en lui le prêtre et le savant n'avaient pu vivre en paix. [...] Son silence dramatique et cette mort en terre d'exil serviront de leçon à Rome ?[35] » Pour ce chroniqueur, le cas de Teilhard démontre l'impossibilité pour l'Église catholique de parvenir à un accord entre science et religion. Teilhard est prié de se cantonner à la science, lors de ses prises de parole publiques, le seul domaine dans lequel il est jugé compétent. Pour Delmas, ces discordances ont été la cause de l'expatriation de Teilhard, en Chine dans un premier temps,

---

31. Lettre du P. Leroy au P. Villain, le 13 avril 1955, Archives jésuites de la Province de France (ASJF), fonds Teilhard de Chardin 6-4.1.
32. *Ibid.*
33. G.-H. Baudry, *Dictionnaire des correspondants de Teilhard de Chardin*, Lille, chez l'auteur, 1974, « Paul Féjos » p. 47.
34. « Comme ils continuaient à marcher en parlant, voici, un char de feu et des chevaux de feu séparèrent l'un de l'autre, et Élie monta au ciel dans un tourbillon. » Rois 2, 11 ; c'est également une réminiscence de *l'Hymne à la Matière*, P. Teilhard de Chardin.
35. C. Delmas, « In memoriam », *Combat*, 13 avril 1955.

puis à New York ensuite. À la fin du mois d'avril, Paul Rivet, fondateur du musée de l'Homme et ami de Teilhard, reprend la thématique de l'exil dans *France Observateur* :

> « C'est alors que se produisit le premier drame qui aurait pu briser la vie d'un autre homme que Teilhard. L'autorité religieuse s'effraya de l'emprise qu'il possédait sur les étudiants et de l'attrait que son non-conformisme pouvait exercer sur eux. Son enseignement lui fut retiré et son ordre décida de l'envoyer en Chine. J'ai été le témoin attristé de ce conflit[36]. »

Paul Rivet avait rencontré Teilhard par l'intermédiaire de l'abbé Breuil, au sortir de la Première Guerre mondiale. Ils se retrouvaient aux séances de l'Institut français d'anthropologie, rue Buffon[37]. Rivet avait eu alors connaissance de quelques écrits de Teilhard, sous leur forme polycopiée. Il n'hésite pas à qualifier d'exil cet envoi de Teilhard en Chine. En revanche, *le Figaro* voit dans ces voyages l'épanouissement d'une brillante carrière scientifique :

> « En 1923 il est invité à venir se joindre en Chine au Père Émile Licent, dans ses hardies explorations du bassin du fleuve Jaune. C'est l'époque de ses travaux les plus importants. Il parcourt la Chine et l'Asie centrale. Il participe à la Croisière Jaune[38]. »

Avec ces lignes, *le Figaro* revient sur l'homme d'action et ses nombreuses expéditions scientifiques. Sa participation à la Croisière jaune en 1931 est un de ses plus grands exploits[39]. *Le Figaro* rappelle aussi le voyage de Teilhard en Chine, invité par le P. Licent, jésuite, docteur en zoologie[40]. Aucune trace d'exil dans ce commentaire. Il est vrai que, au mois de juillet 1923, Teilhard écrit au P. Licent sa joie de pouvoir quitter son poste à l'Institut catholique. Les travaux amorcés par Licent lui paraissent prometteurs[41]. Entre quelques cours à donner à Paris et des recherches à mener sur le terrain, pour Teilhard, homme d'action, le choix est vite fait.

> « Vos invitations à aller vous retrouver ne me laissent pas insensible. Mais comment me dépêtrer de ma province et de l'Institut Catholique ?... En ce dernier lieu, je ne fais presque rien comme enseignement[42]. »

Alors, a-t-il été exilé ? Pour y répondre, il suffit d'opérer une distinction que Paul Rivet et la plupart des commentateurs au lendemain du décès ne prennent pas le temps de faire. Il y a eu un premier départ heureux, en 1923, ardemment désiré, et un deuxième départ contraint, en 1925. *Le Figaro* signale ce premier voyage mais, avec sa sobre présentation des

---

36. P. Rivet, « Mon ami Teilhard de Chardin », *France Observateur*, 21 avril 1955.

37. A. Hurel, *L'Abbé Breuil. Un préhistorien dans le siècle*, Paris, éditions du CNRS, 2011, p. 260.

38. *Le Figaro*, « Mort du père Teilhard de Chardin », 12 avril 1955.

39. F. Sabatès, *Croisières héroïques Citroën. Afrique-Asie 1924-1932*, Paris, Baschet éditions, 1984.

40. C. Cuénot, « Le Révérend père Émile Licent », *Bulletin de la Société des études indochinoises*, n° 41, 1966, p. 9-83.

41. P. Bornet, « Le Père Émile Licent (1876-1952) », *China Missionary Bulletin*, t. IV, 1952, p. 729-734.

42. Lettre de P. Teilhard de Chardin à É. Licent, le 4 juillet 1921, L. Barjon, *Le Combat de Pierre Teilhard de Chardin*, Laval, Presses de l'Université de Laval, 1971, p. 74.

faits, il fait cavalier seul. En revanche, les journaux comme *Combat* ou *France Observateur* opèrent des raccourcis et mettent en avant uniquement l'éviction, en y associant sa mort à New York. Tous ces journaux insistent sur l'incompétence de l'Église dans le domaine scientifique, celle qui n'aurait pas su reconnaître Teilhard à sa juste valeur, sans pour autant revenir sur les raisons de cet ostracisme.

Au moment de publier l'annonce de la mort, peu d'articles cherchent à expliquer les faits avec précision. Ils s'emparent plutôt des moments saillants de cette vie et commentent indifféremment les voyages de recherche et les périodes d'éloignement, que ce soit en Chine ou à New York, comme autant de contraintes imposées par l'Église. Aucune distinction n'est opérée entre le Saint-Office ou ses supérieurs jésuites. Il faut attendre 1970, date à laquelle le P. d'Ouince, supérieur de Teilhard aux *Études* entre 1935 et 1952, publie son témoignage *Un prophète en procès : Teilhard de Chardin*, pour avoir une nouvelle lecture sur cette question de l'exil. Oui, Teilhard a été exilé mais ce n'est pas du fait de l'Église. Lui et tous ses jeunes confrères jésuites ont été chassés au moment de la mise en application des mesures anticléricales de la IIIe République[43]. Mais au lendemain du décès, cet épisode n'est jamais abordé. La presse s'accorde sur la période de la vie de Teilhard qu'il faut prendre en considération. Un P. Teilhard exilé, victime des directives aveugles de sa hiérarchie, sont autant d'arguments avancés par une partie de la presse, tout en laissant dans l'ombre les souvenirs de la politique anticléricale menée par la IIIe République naissante.

D'autres journaux restent silencieux sur ce sujet. La mort récente exige une certaine retenue, « un sens instinctif de l'honneur impose la discrétion et même le silence[44] », note Étienne Borne, philosophe et aussi chroniqueur dans *le Monde*. Que la mort soit survenue le jour de Pâques, accentue les clivages entre ces deux camps.

UN DIMANCHE DE PÂQUES

> « Nous apprenons la mort du R.P. Teilhard de Chardin, décédé à New York d'une embolie le jour de Pâques[45]. »

À côté de cette mention purement factuelle, d'autres insistent sur cette extraordinaire coïncidence. « Il n'est pas donné à tous de mourir le jour de Pâques[46] » sont les premiers mots de numéro spécial consacré à Teilhard par la revue *Psyché*, une revue à mi-chemin entre la philosophie et la vulgarisation scientifique, lancée par Maryse Choisy. En effet, pour les chrétiens, la fête de Pâques est la plus importante du calendrier. Après la mort de Jésus le vendredi,

---

43. « Teilhard appartient à la première génération des jésuites expulsés par les lois antireligieuses de la IIIe République. De 1901 à 1912, il passera en exil ses années de jeunesse. » R. d'Ouince, *Un prophète en procès : Teilhard de Chardin*, Paris, Aubier, 1970, p. 50.

44. É. Borne, « Un grand penseur religieux », *Le Monde*, 13 avril 1955.

45. « Mort du R.P. Teilhard de Chardin », *Le Monde*, 12 avril 1955.

46. J. Pessac, « Le R.P. Teilhard de Chardin, s.j. L'homme et l'œuvre », *Psyché*, numéro 99-100, p. 2.

le dimanche suivant est commémorée sa résurrection. Cette joie vécue le dimanche de Pâques s'exprime de différentes manières : le Gloria est à nouveau chanté au cours de la messe, les cloches, restées silencieuses depuis le Vendredi Saint, sonnent la fin de la période de jeûne et, avec la bénédiction *urbi et orbi*, le pape souhaite que le monde entier participe de cette renaissance. Au lendemain de la mort de Teilhard, le P. d'Ouince écrit : « Le Père a terminé au ciel la fête de la Résurrection ![47] » Les amis de Teilhard y voient un immense privilège. Mais ce n'est pas tout : Teilhard serait mort à Pâques comme il l'avait annoncé.

Dans un premier temps, les articles qui associent le 10 avril à la date de Pâques n'ajoutent aucun commentaire sur ces paroles prophétiques. Un tournant est à signaler en juin 1955. *La Table Ronde*, avec l'aval de la Compagnie de Jésus, consacre la plus grande partie de son numéro à rendre hommage à Teilhard de Chardin[48]. Le P. Russo, chargé de cette mission, a approuvé la publication d'un texte inédit de Teilhard, *la Messe en Esprit*, connu par la suite comme *la Messe sur le monde*[49]. Ce texte a été écrit en 1923, dans le désert des Ordos, lorsque Teilhard se trouve dans l'impossibilité de dire la messe. Le texte commence ainsi :

> « Puisque, une fois encore, Seigneur, dans les steppes d'Asie, je n'ai ni pain, ni vin, ni autel, je m'élèverai jusqu'à la pure majesté du réel, et je vous offrirai, moi votre prêtre, sur l'autel de la Terre entière le travail et la peine du Monde. »

La Table Ronde présente la mort de Teilhard le jour de Pâques comme une ultime offrande et ajoute cette petite note de bas de page : « Le 15 mars dernier, à un dîner au Consulat de France à New-York, devant des neveux qui en ont témoigné, le P. Teilhard avait déclaré : "Je voudrais mourir le jour de la Résurrection"[50]. » Le 4 août, *L'Écho liberté* de Lyon enregistre cette nouvelle et glisse un prudent « paraît-il » dans le texte : « On peut donc se réjouir qu'à l'occasion de sa disparition récente – le jour même de Pâques, comme on sait, selon le vœu qu'il avait, *paraît-il*, publiquement exprimé de mourir le jour de la résurrection du Christ – deux revues aient eu l'émouvante piété de lui consacrer un numéro d'hommage[51]. »

Qu'il ait souhaité mourir le jour de Pâques, pour un homme qui avait vécu entièrement tourné vers le Christ, paraît tout naturel. Que la presse vienne le mettre en doute, aussi. Sa cousine Marguerite Teillard-Chambon viendra attester de ce souhait de mourir le jour de Pâques dans le recueil qu'elle publie : *Lettres de voyage*, avec cette note de bas de page :

> « Il avait dit peu de temps auparavant, dans une réunion chez son cousin Jean

47. Lettre de R. d'Ouince à J. Mortier, le 11 avril 1955, FTdC.

48. Lettre de R. d'Ouince à H. de Lubac, le 16 mai 1955, ASJF, fonds Henri de Lubac, année 1955.

49. Le 1er août 1954, le père Teilhard dresse une liste des écrits qu'il confie à Jeanne Mortier. Dans cette liste figure *la Messe sur le Monde*, datée de 1923, FTdC.

50. C. Aragonnès (pseudonyme de M. Teillard-Chambon), « Le Voyageur et l'explorateur », *La Table Ronde*, juin 1955, p. 30.

51. Fabrice, « Pour la liberté de l'esprit », *L'écho liberté*, Lyon, 4 août 1955.

de Lagarde : "J'aimerais mourir le jour de la Résurrection". (Lettre de M. de Lagarde, après la mort du Père, à son frère Joseph T., 22 avril 1955.)[52] »

Cette lettre adressée à Joseph Teilhard est datée du 22 avril, plusieurs jours après la mort du P. Teilhard. Le récit du père Leroy, le 13 avril 1955, y faisait référence mais pas tout à fait de la même manière : « Il est mort subitement d'une hémorragie cérébrale, comme il l'avait demandé. Sa mort le jour de Pâques, à New York, quel symbole quand on connaît le fond de sa pensée[53]. » Ce que le père Leroy souligne avec les mots « comme il l'avait demandé » se rapporte bien à la mort subite et non pas à la phrase suivante, celle qui s'émerveille sur cet extraordinaire symbole que représente ce départ le jour de Pâques.

Reprenons un instant le fil de ce récit. Cette mort au loin rendait impossible le recueillement devant la dépouille et avait autorisé l'image du ravissement, autant de signes qui avaient conduit certains chroniqueurs à annoncer la disparition d'un prophète. Marguerite Teillard-Chambon vient sceller cette association entre la mort soudaine et le fait qu'elle survienne le jour de Pâques, comme Teilhard l'avait annoncé. Nous avons déjà cité l'ouvrage du P. d'Ouince *Un prophète en procès : Teilhard de Chardin*[54]. L'adoption de ce titre illustre bien l'impression laissée par ces années qui ont suivi la disparition de Teilhard au cours desquelles on a vu se développer un certain teilhardisme. Mais le même d'Ouince ne plaidait pas pour la surenchère. « La première tâche des historiens du grand homme serait de démythifier sa mémoire[55] », écrit-il dans son livre. Le philosophe Jean Guitton a vu d'autres conclusions à tirer de cette mort en la fête de Pâques.

Dès le mois de juillet 1955, Guitton réfléchit à cet événement et y voit une allégorie de la vie et de l'œuvre réunies.

« Le soir du jour de Pâques, le P. Teilhard, qui était en visite chez des amis, a été enlevé presque en une heure de temps sans avoir pu reprendre conscience. Il était beau, pensé-je, que ce fût le soir de Pâques : celui qui méditait sur la récapitulation, qui, à travers l'histoire des espèces, fixait ce moment où Dieu serait tout en tous, il était normal qu'il fût ravi le soir de la Pâque[56]. »

Teilhard a été « enlevé », il a été « ravi ». Celui qui avait consacré sa vie à essayer de comprendre comment le Christ était le centre et le terme de tout, avait été emporté le jour même de la Pâque. Guitton qualifie cela de « normal ». Cette mort à Pâques apporte une cohérence à l'ensemble d'une vie et l'associe à la mission du Christ dans une lecture particulière. En effet, Guitton pose la question de la mort et de la résurrection en termes de récapitulation, selon le vocabulaire

---

52. P. Teilhard de Chardin, *Nouvelles Lettres de voyage*, Paris, Grasset, 1956, p. 193.
53. Lettre de P. Leroy à J. Villain, le 13 avril 1955, ASJF, fonds Teilhard de Chardin 6-4.1.
54. R. d'Ouince, *Un prophète en procès : Teilhard de Chardin*, Paris, Aubier, 1970.
55. R. d'Ouince, *ibid.*, p. 32.
56. Jean Guitton, « Réflexions sur l'œuvre du P. Teilhard de Chardin », *la Table Ronde*, juillet 1955.

paulinien : « Récapituler dans le Christ toutes les choses, celles du ciel comme celles de la terre[57] ». La récapitulation énoncée par saint Paul est le mot dans lequel se rejoignent les deux amours de Teilhard, l'amour du Ciel et l'amour du Monde. Après saint Paul, le thème de la récapitulation a été développé par saint Irénée de Lyon[58]. Ce père de l'Église a été maintes fois présenté comme un précurseur de Teilhard de Chardin[59]. C'est bien plus qu'une affaire de mot. Avec la récapitulation, c'est toute la question du péché originel qui est reconsidérée[60]. Le Christ s'est-il incarné pour effacer le péché originel ou pour être centre et terme de l'évolution[61] ? Que la mort de Teilhard soit survenue le jour de la Résurrection du Christ est l'occasion de revenir sur cette épineuse question. Non seulement celle du péché originel mais aussi une conception du temps assez particulière[62]. Pour Teilhard – et pour Irénée de Lyon aussi – le temps n'est pas répétition de cycles mais il aurait un sens historique. Tous deux ont un sens du temps qui va de l'humain à la croissance de l'humanité, le Christ étant Alpha et Oméga[63].

Nous sommes devant deux lectures d'un même événement. Une dévotion commence à se développer. Jeanne Mortier a pu le constater dans l'abondante correspondance reçue au moment du décès. Pour les amis de la veille, cette mort soudaine survenue le jour de Pâques est un signe et un symbole. Notre premier lecteur espérait être reçu par le P. Teilhard dans le ciel. D'autres demandent à la légataire des objets ayant appartenu à celui qu'ils voient déjà comme un saint homme. Parallèlement, des lecteurs de la veille comme Jean Guitton développent des réflexions sur la pensée de Teilhard et le situent dans la ligne de saint Paul et des pères de l'Église. Ils ont lu *La Vie cosmique* et savent que, sans nier l'expiation, Teilhard met

57. Épître aux Éphésiens 1-10 ; voir aussi Épître aux Romains 5 et Épître aux Corinthiens 15, 45-48 ; la sotériologie de saint Irénée a été bâtie à partir de ces textes, B. Sesboüé. *Tout récapituler dans le Christ. Christologie et sotériologie d'Irénée de Lyon*, Paris, Desclée de Brouwer, 2000.

58. A. Vebriele, « Le plan du salut d'après saint Irénée », *Revue des Sciences religieuses*, 1934, p. 493-524 ; Irénée de Lyon est édité à partir de 1952 dans la collection « Sources chrétiennes ».

59. « On ne peut pas ne pas remarquer un ensemble de convergences entre sa théologie [saint Irénée] et la pensée du grand visionnaire moderne que fut le Père Teilhard de Chardin, malgré la grande distance culturelle qu'il est inutile de souligner. Teilhard est tombé en arrêt devant les mêmes textes pauliniens ; il a lu certains passages d'Irénée et s'il le cite peu, sa réflexion est souvent en connaturalité spontanée avec lui », B. Sesboüé, *op. cit.*, p. 203.

60. La question du péché originel avait été la cause de la disgrâce de Teilhard, au début des années 1920. Elle continue de lui être associée comme le montre la contribution de G. Cuchet, « Pierre Teilhard de Chardin, l'évolution et le problème du péché originel », F. Meyer et S. Ilbach (dir.), *Le péché originel. Anthropologie et histoire politique*, Université de Savoie, 23 et 24 mai 2019.

61. La question de l'incarnation du Christ, lorsqu'elle est envisagée du point de vue de l'histoire de la pensée, suit le chemin qui part d'Irénée de Lyon et arrive à Teilhard de Chardin, G. Martelet, « Sur le motif de l'incarnation », *Problèmes actuels de christologie*, Paris, Desclée de Brouwer, 1960, p. 35-80.

62. O. Cullmann, *Christ et le temps*, Neuchâtel, Delachaux et Niestlé, 1947.

63. B. Sesboüé, *op. cit.*, p. 204.

l'accent sur une vision évolutive[64]. Ces commentaires qui se succèdent dans la presse de manière ininterrompue depuis le 12 avril attirent l'attention sur Teilhard. On sait déjà que c'était un homme d'action, un scientifique qui avait rencontré des difficultés avec sa hiérarchie et qui, avec cette mort le jour de Pâques, avait rencontré une miraculeuse reconnaissance posthume. Plus de 385 articles le citent avant la fin de l'année 1955.

Alors que l'œuvre n'est pas encore publiée, elle a déjà rencontré son public.

Pour en savoir plus

https://www.teilhard.fr/economie_et_societe

64. Le 17 mai 1916, Teilhard ajoute quelques précisions à *la Vie cosmique*. Sans nier l'expiation, il insiste pour que l'accent soit mis sur l'évolution. P. Teilhard de Chardin, « La Vie cosmique », *Écrits du temps de la guerre*, Paris, Grasset, 1965, p. 60-61 ; Romain Gary y fait allusion aussi, à sa façon, dans les dernières lignes de son romain les *Racines du ciel*. Le père Tassin s'éloigne sur son cheval, tel un cowboy solitaire, et le romancier nous dit qu'il préférait le bois vivant au bois mort, « il y avait longtemps que l'arbre était son signe préféré, avant celui de la croix. Il souriait. FIN », Romain GARY, *les Racines du ciel*, Paris, Gallimard, 1956, p. 493.

Spiritualité et religions

L'harmonie dans la Création

par Alain Bert

Ingénieur des Télécommunications,
Ancien doctorant de l'Université de Standford (USA)

L'auteur du présent article est un personnage peu commun. Scientifique de formation, ayant à son actif toute une carrière professionnelle dans les télécommunications, il est aussi artiste-peintre et auteur d'essais poético-philosophiques. Il a notamment publié chez Saint-Léger éditions un petit livre intitulé Les fleurs du jardin de la vie intérieure. *L'usage métaphorique qu'il fait des concepts de la physique de l'information peut surprendre, surtout si on les lit au premier degré. Interprétés de manière allégorique, ils sont pourtant riches de sens et de spiritualité.*

> « Le bonheur ne s'obtient que par l'harmonie de son être avec la note qui l'exprime. »
>
> Hélène Grimaud

Le terme harmonie évoque spontanément un ressenti de l'ordre du plaisir, comme si on prenait contact avec une part de notre nature profonde à l'occasion d'une présence venue de l'extérieur. Il est certes très utilisé dans le domaine musical, à juste titre, mais il évoque une qualité qui concerne une multitude d'autres contextes. Si bien même qu'il est devenu une valeur essentielle dans toute démarche pour évoquer ou essayer de décrire l'univers, comme nous le verrons. C'est évidemment, par nature, un ressenti très personnel, mais il est vécu par un grand nombre dans les mêmes conditions, en sorte qu'on est en droit d'en parler d'une manière générale tout en gardant l'idée de cette limite. L'objet de ce qui suit est d'essayer de mieux comprendre quelques mécanismes physiques qui permettent d'obtenir ce résultat, à la fois concret et symbolique, qu'on appelle harmonie.

HARMONIE ET MUSIQUE

Pour ce qui concerne la musique, on peut s'étonner de ce que dans le cas d'un instrument unique, comme le piano ou la guitare, ou s'il s'agit d'un orchestre, l'oreille entend avec aisance des notes qui sont pourtant produites simultanément par des éléments séparés. Ici apparaît une notion importante : à un son correspond une fréquence ou, plus généralement, une distribution de fréquences qu'on appelle un spectre qui pourra être centré sur une de ces fréquences. Il y a effectivement une condition pour obtenir cette aisance : les fréquences de ces notes doivent satisfaire à certaines relations pour qu'elles soient, comme on dit, harmonieuses. On trouverait la même nécessité d'un certain rapport entre les fréquences optiques pour que des couleurs s'harmonisent. Le cerveau n'a certes pas besoin de le savoir au moment de l'écoute ou de la vision, heureusement ! Première notion donc, celle de fréquence. On emploiera aussi celle de périodicité qui lui est équivalente. Petite surprise aussi : les mathématiques permettent de formuler concrètement les conditions qui font qu'une situation de ce type est harmonieuse, puisque c'est sous cette forme que se formule cette relation. On verra qu'on retrouve cette utilité à bien d'autres niveaux. Autre remarque qui sera développée dans ce qui suit : il existe un lien entre les fréquences produites par l'instrument et des résonances qu'elles provoquent dans l'oreille qui les reçoit et tout le corps dans lequel elles sont transmises. On dira qu'il y a couplage entre l'extérieur et des mécanismes qui fonctionnent à l'intérieur. On pourra dire sous une autre forme qu'il se produit un effet de résonance. Dans certaines conditions, ce couplage provoque donc des effets que l'on décrira comme positifs, caractérisant une situation dite harmonieuse : plaisir, joie, et souvent comme conséquence, envie de vivre, envie de se mouvoir pour évoluer. On est à la fois dans le présent de l'écoute et attiré par quelque chose qui nous « porte vers ».

Ce sentiment et cette impulsion sont aussi très généralement associés à deux qualités : la beauté et la simplicité. Quand on part du chaos, comme un orchestre qui s'accorde, et qu'on obtient la forme musicale qu'il va jouer, on a l'idée de quelque chose qui est devenu simple par rapport à la situation de départ. Et cela met dans un état favorable pour apprécier la beauté.

HARMONIE ET SCIENCE

Toute cette analyse se retrouve dans le domaine scientifique. La science a pour objectif d'observer, de mesurer et de comprendre par une formulation aussi rationnelle que possible. Par rationnelle, nous entendons qu'elle puisse être partagée par tout le monde dans la mesure où chacun dispose d'un cerveau ayant les mêmes caractéristiques. Voyons en quoi la simplicité, la beauté et l'harmonie interviennent curieusement aussi à ce niveau.

Les observations scientifiques donnent lieu à des interprétations dont la formulation mathématique est la mieux adaptée : elle permet en effet de rassembler par des formulations très concises, des raisonnements qui, autrement, seraient trop longs à manipuler. Or, malgré la complexité de ce que l'on observe, il est apparu peu à peu que certaines valeurs se conservent à différents niveaux, ce qui est déjà particulièrement remarquable. Les théories importantes les plus connues formulent, donc sous forme mathématique, cette conservation : il s'agit surtout, en réalité, de la conservation de l'énergie, mais ce n'est qu'un domaine particulier d'un ensemble plus vaste de conservations, qu'on appelle les symétries. Étonnante correspondance entre ce domaine des symétries, étudié initialement dans les mathématiques pures, et qui s'est trouvé permettre d'expliciter des descriptions de l'infiniment petit. N'y a-t-il pas déjà quelque chose d'harmonieux dans cette forme de résonance entre deux domaines ? La beauté de la chose tient aussi à ce que ces formulations relativement simples, décrivent, par leurs déclinaisons concrètes, l'essentiel de ce que l'on peut observer et mesurer, bien que cette déclinaison, elle, soit généralement très complexe ! Il est par exemple remarquable qu'on ait pu vérifier l'existence des trous noirs et des ondes gravitationnelles qui étaient prévus par les déclinaisons de la théorie de la relativité générale, formulée par l'équation d'Einstein en quatre termes et un signe ! Dans l'infiniment petit, on a pu également décrire le fonctionnement de l'atome à partir d'une équation formellement simple, celle de Schrödinger. Et l'on peut considérer comme particulièrement harmonieux d'avoir pu, par la suite, unifier dans une même théorie les trois forces qui régissent l'infiniment petit. Les théoriciens préfèrent parler d'élégance pour caractériser à la fois la beauté et la simplicité d'un modèle descriptif de l'univers, comme en en étant même une qualité première, selon les termes de Stephen Hawking. On pourra de ce point de vue admirer aussi l'élégance de la vision de Teilhard de Chardin qui réussit à unifier au travers d'un modèle comme celui des trois infinis des réalités observables aussi différentes que celles de la matière et de la vie !

Les choses néanmoins restent encore actuellement complexes pour décrire le niveau le plus intime de la matière. C'est qu'on débouche alors sur la nécessité d'y inclure l'espace et le temps, plutôt réservés jusque là à l'infiniment grand, et cela oriente curieusement vers une quête d'unification globale incluant la gravitation, que l'on appelle la théorie du Tout. C'est comme si les efforts de la science étaient naturellement attirés vers cette unification. Encore une remarquable résonance avec Teilhard de Chardin ! Dans le domaine musical, c'est l'harmonie qui crée la beauté et la simplicité, dans le domaine scientifique c'est la beauté et la simplicité qui créent l'harmonie ou plus exactement : qui expriment l'harmonie de l'univers. Aussi loin qu'on remonte, en effet, les hommes ont considéré le monde qui les entoure, l'univers dans sa globalité, comme essentiellement caractérisé par l'harmonie. On connaît l'émerveillement de scientifiques qui travaillent sur ces sujets, tels que Trin Xuan Thuan[65] ou Hubert Reeves, ou encore Dominique Proust qui évoque l'astronomie et la musique au siècle des lumières : ce n'est pas sans lien avec cette idée que le terme de théorie des cordes a été choisi pour l'un des modèles récents de description

---

65. Son livre *Le chaos et l'harmonie*, Fayard 1998

de l'univers. Et comme la quête de compréhension de l'univers a toujours été liée à la question de l'existence de Dieu, pour l'affirmer ou la rejeter, c'est la conception même de Dieu qui est associée à l'idée d'harmonie. Teilhard de Chardin considérait que l'harmonie est une caractéristique majeure de la Vérité. C'est une très belle notion, et l'image d'une symphonie avec des instruments qui s'accordent pour la jouer, semble effectivement bien convenir. Mais qu'est-ce que cela veut dire concrètement ? Qu'est-ce qui en nous et dans l'univers « s'accorde » pour réaliser cette harmonie ?

Il existe un mécanisme essentiel qui fait que les choses s'accordent entre elles, et nous allons voir que son omniprésence est à la base de nombreux phénomènes souvent mal compris. Ce mécanisme, c'est l'aptitude qu'a un système résonnant d'exciter un autre système résonnant. De façon plus large et plus subtile, c'est le contrôle d'un système périodique ou initialement chaotique, par un autre système périodique stable. Sur le plan scientifique cela fait référence aux oscillateurs que l'on dit « verrouillés en phase ». Il n'est pas sans intérêt de préciser de quoi il s'agit.

LE RÔLE DES PHÉNOMÈNES PÉRIODIQUES

Des notions telles que celles d'oscillateur et de périodicité (donc de fréquence) sont essentielles pour comprendre le comportement de la plupart des mécanismes mis en jeu dans l'univers et dans le fonctionnement du vivant. Un oscillateur est un système qui a besoin d'un réservoir d'énergie pour fonctionner, associé à un processus de croissance de nature « non linéaire ». Ce processus, comme toute croissance, est forcément non linéaire du fait que cela demande de l'énergie et que celle-ci est limitée : situation que nous connaissons bien dans la vie courante ! Il va donc normalement s'arrêter. Mais il est possible de poursuivre si le processus de croissance fait l'objet d'une force de rappel qui, à partir d'un certain niveau d'énergie consommée, l'arrête et le fait retomber à son point de départ. Tout peut alors recommencer si le réservoir d'énergie en a suffisamment pour réalimenter le processus. La croissance se produit alors dans le temps de façon non linéaire, ici par répétitions successives. Et le processus peut alors recommencer avec une caractéristique de périodicité que l'on nommera période ou fréquence. C'est une description assez simplifiée, car il existe d'autres formes de non linéarités, mais qui décrit l'essentiel de ce comportement. On remarquera que, pour les raisons évoquées, l'énergie et les effets non linéaires sont des ingrédients caractéristiques du vivant, et on comprend pourquoi la biologie comporte une immense quantité de processus périodiques, portant sur une très large plage de périodes. La nature entière, dans notre corps en particulier, les utilise au bénéfice de la vie.

Les fréquences ainsi obtenues sont loin d'être pures : les mécanismes concernés produiront souvent plutôt un étalement sous forme d'un spectre de fréquences autour d'une fréquence centrale. Parfois aussi, on obtient une sorte de chaos fluctuant, caractérisé par un spectre très large. Partout cependant, sur au moins une certaine distance, ces oscillateurs s'influencent par un mécanisme d'interaction, qu'on appellera couplage : il y a propagation de l'onde périodique, qui transporte l'information oscillante, de l'émetteur au récepteur qui peut y être sensible. Parfois même, comme nous l'avons indiqué, un émetteur à fréquence « pure » pourra synchroniser la fréquence d'oscillation d'un récepteur dont le spectre est très large et lui transmettre la pureté de sa fréquence. Cela suppose que leurs fréquences propres soient voisines ou dans certains rapports. Nous dirons ici que les deux sont alors en résonance, pour caractériser l'association oscillante de même fréquence qui en résulte, généralisant ainsi une expression plutôt utilisée quand le récepteur est un simple résonateur passif.

Un exemple qui nous concerne tous est évidemment celui du cœur. Pour faire circuler le sang de façon périodique, le cœur est, au moins dans une partie essentielle, constitué de cellules telles que chacune d'entre elles vibre par elle-même autour d'une certaine fréquence, différente des autres. Par effet de proximité, tous ces oscillateurs sont couplés entre eux, en sorte que l'ensemble de toutes ces cellules résonne comme un seul oscillateur. Si ce n'était pas le cas, nous aurions un brouhaha inefficace de fréquences. Cet oscillateur global peut lui-même être synchronisé par des signaux venant du cerveau qui permettent d'adapter cette fréquence aux besoins physiologiques que demande le corps en fonction de l'effort qu'il a à fournir, ou pour répondre à une émotion. Quel chef d'œuvre que ce fonctionnement autonome : il va perdurer pendant toute notre vie ! On le sait vaguement, mais il est bon de se le rappeler pour s'en émerveiller. C'est aussi, comme nous l'avons indiqué, le mécanisme par lequel nous entendons grâce au tympan et aux osselets dans le fond de nos oreilles, qui forment des résonateurs sensibles aux vibrations qu'ils reçoivent.

La résonance qui résulte d'un signal reçu a des effets à d'autres niveaux que simplement physiques. Nous avons acquis ou hérité de formes culturelles mémorisées dans notre corps : une de ces formes mémorisées pourra être en quelque sorte excitée par ce que l'oreille reçoit. On dira qu'il s'agit d'une autre sorte de résonance. Cette terminologie est aussi proche de celle d'alignement que l'on trouve, par exemple sur le plan physique, quand des spins d'électrons sont dirigés dans le même sens, produisant ainsi un effet amplifié. On la retrouve sur le plan humain en observant comment à un moment donné, une personne ou un événement produit un alignement des sentiments ou des comportements qui fait en sorte que les énergies de chacun s'additionnent pour produire une énergie globale beaucoup plus efficace. Un sentiment d'harmonie est généralement associé à ces types de situations lorsque les formes ainsi excitées ou alignées correspondent à des vécus positifs.

Tout ceci fait l'objet d'une première catégorie de phénomènes qui peuvent s'influencer mutuellement. Nous connaissons par ailleurs une autre catégorie de phénomènes périodiques : c'est le tournoiement des galaxies, des étoiles, des planètes, de la lune. Ce comportement est lié aux lois de la gravitation. Ces phénomènes sont périodiques sans pour autant qu'il s'agisse d'oscillateurs. Et nous en éprouvons les effets en sorte que beaucoup de phénomènes se synchronisent sur leurs périodicités. Mais comment et pourquoi cette synchronisation est-elle possible en sorte que nous en ressentions les effets ? C'est là que la nature accorde ses violons ! Elle crée une symphonie de ce qui, sans cela, ne serait qu'un brouhaha.

IMPORTANCE DE LA NOTION DE COUPLAGE

Prenons l'exemple des marées dont nous savons qu'elles sont liées à la lune. La simple attraction statique de la masse de la lune sur la masse des océans serait bien en peine de réaliser une telle variation de hauteur d'eau. En réalité, cette force très faible s'exerce périodiquement : elle donne à chaque fois la pichenette qui va suffire, grâce à cet effet cumulatif, pour réaliser cet énorme résultat. Un petit effet finit par grandir et s'amplifier puis se synchroniser, obtenant ainsi une sorte d'addition. C'est bien ainsi qu'un enfant peut obtenir de grandes amplitudes par de petites poussées successives d'une balançoire ! La chose remarquable, caractéristique et essentielle, est que ce processus permet à une influence même infime, si on lui laisse le temps d'agir de cette façon, d'additionner ses effets et d'obtenir un résultat impossible à obtenir autrement. Autre exemple : la période de rotation d'une planète est couplée avec sa période de révolution orbitale. L'électronique utilise beaucoup cet effet, comme indiqué plus haut, dans ce qu'on appelle les oscillateurs asservis ou verrouillés : un oscillateur très puissant mais peu stable peut ainsi être stabilisé sur une fréquence très pure par une source stable de très faible puissance. On observe même des effets d'oscillations verrouillées en phase dans les galaxies. Mais c'est la nature vivante qui l'utilise le plus !

Tous les mécanismes biologiques périodiques de la première catégorie, sont influencés par les phénomènes périodiques de l'autre catégorie. L'amplitude du couplage qui caractérise cette influence est évidemment infiniment faible. Mais la nature prend son temps ! On accepte assez volontiers l'influence de la lune, car ses effets sont indiscutables sur les marées et le cycle menstruel. L'effet du soleil aussi, bien sûr ! Mais les planètes jouent leur rôle aussi, indiscutablement, car si leurs influences sont plus faibles, elles portent sur des périodes plus grandes qui les rendent cumulatives sur le long terme. Il est également probable que nous soyons influencés par l'ensemble du système stellaire, par un effet cumulatif de même nature mais qui porte sur des millénaires et même plus. De ce fait, on peut donner crédit à la notion de thème astral, en ce que la synchronicité de notre présence sur terre avec ces constellations peut effectivement avoir des effets, sous réserve de ne pas trop vouloir leur faire dire. La nature de ces influences qui se traduisent en couplages, peut être très diverse. Par exemple, dans les temps anciens, les hommes voyaient les planètes et les étoiles périodiquement toutes les nuits et l'image qu'ils en captaient jouait probablement ce rôle : notre corps a pu en garder la mémoire par les cycles internes qui continuent de fonctionner, malgré les perturbations des rayonnements électroniques actuels.

Des rayonnements électromagnétiques peuvent effectivement, s'ils ont des fréquences voisines de celles de certains mécanismes biologiques, avoir de l'influence sur eux. Cela peut en particulier être le cas de la fréquence des impulsions d'émission de ces fréquences, comme pour les mobiles. Mais il est heureusement probable que leurs effets cumulatifs s'effectuent souvent sur des périodes de temps relativement trop courtes pour avoir trop de conséquences, du moins si nous sommes en déplacement fréquent par rapport à leurs sources, et si ces dernières ont des niveaux assez bas.

Un cas particulièrement remarquable de rayonnement électromagnétique, mais qui, lui, est naturel, est celui dit « résonances de Schumann ». Les résonances de Schumann sont des fréquences dans le domaine d'extrêmement basse fréquence (3 à 30 Hz) du champ électromagnétique terrestre. Ces résonances globales dans la cavité formée par la surface de la Terre et l'ionosphère, qui fonctionne comme un guide d'onde, sont excitées par les éclairs. Le mode principal a une longueur d'onde égale à la circonférence de la planète et son spectre de fréquences est dans le même ordre de grandeur que celui des ondes alpha dans notre cerveau.

NAISSANCE DE L'EFFET PÉRIODIQUE

Nous avons ainsi mis l'accent sur l'importance des phénomènes périodiques, en particulier dans l'Évolution du vivant. On peut se demander à quel moment ces phénomènes ont émergé comme nécessaires pour l'évolution ? Curieusement, on peut en voir la raison dans la notion de déplacement. À partir d'un certain moment il est apparu nécessaire de pouvoir se mouvoir, par exemple pour récupérer une source d'énergie, collaborer, se réunir etc... Même des structures élémentaires en ont éprouvé la nécessité. Des moyens que l'homme a inventés par la suite, comme la roue, n'auraient certainement pas été valables à ce stade de l'Évolution ! La nature a innové plus simplement avec l'idée d'une déformation qui se propage, ce qui permet d'avancer, comme en témoigne le serpent, par exemple ! Mais quand il s'est agit de faire circuler un liquide, cette idée s'est transformée en poussée par déformation locale rapide, avec retour à l'état de départ pour recommencer de façon périodique. Cela rend possible d'éjecter une part de liquide et de recommencer avec une autre par un mécanisme qui reste local. C'est ce qui se produit dans tout notre corps, en particulier dans le cœur. À partir de là, la vie a pu émerger sous d'autres formes, ce moyen permettant de fournir énergie et substances nécessaires pour des structures plus complexes.

MINIMISER L'ÉNERGIE : FACTEUR D'HARMONIE DANS L'ÉVOLUTION

Pour terminer ce tour d'horizon, nous allons aborder un autre point de vue que l'on a rarement l'occasion de considérer. C'est une façon complémentaire de comprendre les raisons des couplages entre phénomènes périodiques tels que nous venons de les décrire. Il consiste à observer qu'il y a une relation entre l'harmonie et l'obtention d'un état d'énergie minimale du système considéré (dont chacun de nous fait partie en tant qu'observateur qui juge de cette qualité). Prenons un exemple facile à comprendre : si j'écoute une musique qui me paraît harmonieuse, je me sens détendu, ce qui correspond à un meilleur état énergétique que si elle me stresse. Sur un plan plus général, quand il y a résonance, au sens large du terme, l'énergie nécessaire pour produire l'effet recherché est minimale. Toute structure stable s'établit sur cette base de la recherche d'un état d'énergie minimale. Le cœur fonctionne en demandant moins d'énergie quand ses cellules ont la même fréquence que si elles restaient autonomes. L'ensemble des planètes a trouvé une stabilité qui perdure, grâce à l'ensemble des effets d'influence mutuelle entre leurs périodicités. Et à leur tour, elles stabilisent certains cycles biologiques pour minimiser l'énergie nécessaire à leur fonctionnement. Et tout cela fonctionne, sauf perturbation, de façon « harmonieuse ». Et cette harmonie a permis l'émergence de la vie.

DYNAMIQUE DE L'HARMONIE

Stabilité risque d'évoquer l'idée d'absence de changement. En réalité cette stabilité est l'étape nécessaire pour l'évolution. Un danseur passe bien d'un état stable à un autre, et avec élégance ! Évoluer se fait par changements à partir d'états momentanément stables. Comme nous l'avons évoqué au début, l'harmonie vécue dans une phase de stabilité porte en elle un « aller vers ». L'évolution se fait en recherche dynamique de structures stables sur une toujours plus vaste dimension, dans l'espace ou dans la complexité. Cela pourra se faire éventuellement par sauts successifs ou par alignement d'états stables de dimensions plus petites. On ne l'atteint pas par une nécessité initiale, mais par des émergences qui peuvent faire appel au hasard ou à des idées apparues de façon parfois inopinée. Ce thème de l'émergence est au cœur de la vision de l'évolution de Teilhard comme l'a bien montré Gérard Donnadieu[66] dans l'ouvrage

---

66. *Teilhard de Chardin*, l'avenir réenchanté, Les Acteurs du Savoir, 2018

qu'il a consacré au grand jésuite. Les oscillateurs, qui permettent la transmission des signaux, sont à l'origine de telles émergences nouvelles. L'ordinateur, le mobile, l'Internet sont des structures apparues de cette façon, actuellement stabilisées de ce point de vue dans la mesure où elles minimisent l'énergie nécessaire pour faire un certain nombre de tâches et permettre de nouvelles inventions. Mais elles ne forment pas encore un complexe stable et harmonieux car, mises ensemble, elles consomment encore trop d'énergie de la planète pour fonctionner. Et cette surconsommation, trop facilement mise à disposition, induit aussi des déperditions d'énergie au niveau social. On voit venir heureusement le moment où l'Humanité finira par prendre en compte cette problématique. On la retrouve aussi au niveau de l'écologie : on avait un sentiment d'harmonie au niveau de la nature tant que celle-ci gardait sa stabilité dans un équilibre énergétique global. Elle ne la retrouvera que quand un nouvel équilibre sera trouvé, tenant compte des évolutions techniques et de la population qui s'est fortement accrue, en attente d'une nouvelle dynamique. Et nous participons maintenant à ce nouveau stade de l'évolution, d'une façon de plus en plus consciente grâce à cet élément nouveau qu'est « l'activation de l'énergie humaine », selon l'expression de Teilhard de Chardin.

Beaucoup d'autres étapes attendent encore l'Humanité, pas seulement dans le monde extérieur ! De nombreux événements semblent, certes, perturber cette vision positive et nous empêchent de la voir si on ne se met pas dans une dimension de temps suffisante. Mais du fait de l'accélération que nous observons dans tous les domaines, nous avons cependant la chance de pouvoir observer, au cours d'une vie, les changements profonds qui se produisent et prennent du sens à travers le brouhaha de ces perturbations, comme attirés par une finalité harmonieuse. Nous vivons actuellement, de façon consciente, une phase toute particulière de changements et d'émergence. Pour la première fois, des idées prennent immédiatement forme dans une dimension qui touche toute l'Humanité et la planète dans son ensemble. Mais en même temps c'est notre intérieur collectif qui est touché et s'exprime, parce qu'il fait lui même partie de cette évolution. On peut le voir comme si l'orchestre jouait de nouvelles partitions sans répétition.

Essayons d'y reconnaître un passage équivalent à ceux qui ont fait évoluer la conception de l'art, par exemple avec l'arrivée du cubisme : au début cette spontanéité de l'expression semblait insupportable pour beaucoup. Puis on a fini par y voir une nouvelle forme d'harmonie, elle même porteuse d'autres dépassements. Il faudra s'habituer à voir l'harmonie dans la mouvance ! Visiblement, il apparaît de plus en plus que, dans cette dynamique et bien que cela doit difficile, l'Humanité est attirée vers le rassemblement et l'unité, sans que nous puissions encore dire la forme que prendra cette ultime harmonie. Le Grand Attracteur que, sous le nom d'Oméga, Teilhard de Chardin postule comme fin de l'Évolution et de l'histoire humaine témoigne de la pertinence de sa pensée et surtout de l'audace de sa vision.

Pour en savoir plus

https://www.teilhard.fr/spiritualites_et_religions

À lire

Entre fidélité à l'Esprit et fidélité à l'Église

La « passion » de Teilhard de Chardin

par Gérard Donnadieu

Professeur de théologie au Collège des Bernardins et aux Facultés jésuites de Paris
Président d'Honneur de l'Association des Amis de Teilhard de Chardin

On sait que le père jésuite Pierre Teilhard de Chardin (1881-1955), grand scientifique mondialement reconnu pour ses découvertes et ses travaux en paléontologie humaine, fut un des premiers à concevoir l'Évolution comme un immense processus cosmique de montée en complexité, se déroulant depuis le big-bang à travers l'histoire de la matière, du vivant, puis de l'Humanité pensante, pour converger vers un *Esprit de la Terre* dans lequel il reconnaissait la figure du *Christ Universel* de sa foi chrétienne. Il voua ainsi sa vie à établir un pont entre la science et la religion, la raison et la foi, cela au bénéfice des deux. Avec près d'un siècle d'avance, plongé par les circonstances dans les événements les plus tragiques de son temps, situé au carrefour de rencontres parmi les plus surprenantes et les plus riches, il a pu anticiper l'avenir à partir de son expérience vécue. Il aura posé, en véritable précurseur, les grandes questions d'aujourd'hui : mondialisation, hégémonie de la science et de la technique, dialogue des cultures, violence entre les peuples, dialogue de la raison et de la foi, rénovation de l'église, nouvelle manière de présenter le christianisme pour lui redonner toute sa saveur.

Or, tout au long de sa vie, il se sera heurté à l'incompréhension, à l'hostilité même de ceux qu'il aurait voulu par-dessus tout convaincre, à savoir les autorités théologiques de l'église catholique. Il lui fut interdit de publier quoi que ce soit de sa réflexion théologique et son influence en France étant jugée trop grande, il dût accepter de s'exiler durant plus de vingt ans en Chine, puis au soir de sa vie aux États-Unis. Qui avait-il donc de si dangereux dans cette pensée ?

UNE VIE DANS L'ÉBLOUISSEMENT DU CHRIST COSMIQUE

La pensée de Teilhard peut se représenter métaphoriquement sous la forme d'une fusée à trois étages, chaque étage s'allumant après que le précédent ait produit son effet. L'étage scientifique constitue le soubassement de l'ensemble et concerne la genèse de la matière et du cosmos depuis le big-bang ; l'étage géopolitique et sociétal se trouve en position intermédiaire et concerne l'histoire de l'Humanité et son avenir possible ; l'étage théologique et spirituel enfin est le véritable couronnement de la vision. Postulant un point de convergence, **Oméga**, véritable Grand Attracteur de l'Évolution de la matière, du vivant et du pensant, Teilhard y reconnaît la figure du Christ divinisateur et récapitulateur de saint Paul et de saint Jean. Et du même coup, le Christ de la tradition chrétienne va devoir assumer une dimension cosmique qui le fera apparaître immensément plus grand.

Christ Cosmique, Christ évoluteur, Christ énergie, Christ Oméga, Christ Universel, Christ Total,... les mots se pressent, sous la plume de Teilhard, pour magnifier la place à reconnaître au Christ dans le processus de l'Évolution cosmique et terrestre. En rupture avec la vision étriquée de la théologie chrétienne traditionnelle, situant la venue du Verbe divin dans le cadre étroit d'une Terre vieille de quelques milliers d'années et pour guérir l'Humanité d'une faute originelle commise par le premier couple humain, Teilhard élargit considérablement notre vision du Christ, devenu en quelque sorte un Super-Christ[67].

Ce **Christ Cosmique** est coextensif à l'histoire du cosmos depuis le big-bang, voici 13,7 milliards d'années. Christ origine ou **Christ Alpha** d'abord, présent dès le big-bang, il peut fixer les grandes constantes universelles du cosmos qui rendront celui-ci fertile. **Christ Évoluteur**, il agit par sa puissance d'attraction tout au long de la complexification de la matière, puis de la montée du vivant vers plus de complexité et de conscience. **Christ Énergie**, il donne aux hommes, devenus conscients et libres par l'accession à la pensée réfléchie, la force nécessaire à la poursuite du dur labeur d'une évolution dont ils ont désormais la charge et qui se déroule au travers de la noogénèse. **Christ récapitulateur** ou **Christ Total** enfin, il se tient au terme de l'Histoire pour rassembler en lui tous ceux qui auront œuvré à faire germer l'Esprit sur la Terre.

Dans un essai[68] écrit en Chine dès 1921, Teilhard en vient à résumer avec son lyrisme habituel, les caractéristiques de ce Super-Christ : « *Le Christ est l'Alpha et l'Oméga,... le principe et la fin de toute Création, la pierre de fondement et la clef de voûte, la Plénitude et le Plénifiant... Il est le Centre Unique, précieux et consistant, qui étincelle au sommet à venir du monde* ».

L'INCOMPRÉHENSION DES AUTORITÉS ROMAINES

Sans doute ces idées étaient-elles trop neuves pour être acceptées en l'état lorsque Teilhard les écrivit dans la première moitié du XXe siècle. Mais plus que son adhésion à la théorie de l'évolution, le nœud de la dispute se trouve dans la volonté de Teilhard de fonder sur ce concept d'Évolution une nouvelle épistémologie en rupture avec l'épistémologie scolastique

---

67. Super-humanité, Super-Christ, Super-charité. Texte écrit à Pékin en août 1943. Publié dans *Science et Christ*

68. Science et Christ, tome 9 des Œuvres, *Science et Christ*, p. 60

dans laquelle se trouvait formulés jusqu'alors les dogmes chrétiens. C'est tout l'équilibre de la pensée théologique traditionnelle qui se trouve alors modifié et en particulier la christologie avec sa doctrine du péché originel. Bien plus qu'aux hauts responsables de la Compagnie de Jésus et même de l'église, Teilhard s'est alors heurté à partir de 1925 à un véritable lobby idéologique composé de théologiens et de philosophes particulièrement influents à la Curie romaine.

C'est le Cardinal de Lubac, dans son ouvrage *Teilhard Posthume*, qui éclaire notre lanterne à ce sujet. Parlant de l'hostilité dont fut victime Teilhard, il écrit[69] : « *Dès le drame de 1925, c'est bien l'étroitesse de quelques théologiens qui fut le facteur premier, et en fin de compte déterminant. Et ce fut aussi quelquefois dans la suite plus que de l'étroitesse ! La plupart des supérieurs responsables, dans la Compagnie de Jésus comme dans l'église elle-même, étaient animés de dispositions non seulement bienveillantes, mais libérales [...] Leurs mesures restrictives, quand ils s'y voyaient contraints, étaient le plus souvent des mesures prudentielles, et qui n'étaient prises qu'à regret. Le plus qu'ils purent, ils résistèrent à la pression, parfois quasi-impérative et souvent prolongée, de certains théologiens – ou assimilés – qui, je m'en porte garant, n'étaient pas toujours romains.* »

Ces théologiens, bien français pour certains, avaient en commun un attachement sans faille et sans nuance à la philosophie néo-thomiste. En faisaient partie, entre autres, le dominicain Garrigou-Lagrange, le carme Philippe de la Trinité, le futur cardinal Charles Journet et même le philosophe Jacques Maritain, peu suspect pourtant de conservatisme. Pour eux, le christianisme avait trouvé son expression doctrinale parfaite dans la forme donnée au XIIIe siècle par saint Thomas d'Aquin, une forme inspirée de la métaphysique et de la logique d'Aristote qui lui avait fourni ses concepts ! Or, cette philosophie, sans doute géniale à son époque et encore au XIIIe siècle, n'était pas sans présenter de graves lacunes par rapport aux nouvelles représentations du monde proposées par la science de la première moitié du XXe siècle. Ainsi était-elle fixiste : au temps fléché de l'Évolution mais aussi de la Bible (lorsque l'on sait la lire) opposait-elle le temps cyclique de l'éternel retour des Grecs. Sa conception substantialiste de l'être (et non relationnelle), sa logique linéaire du tiers exclu (et non conjonctive) lui interdisaient de penser le changement sous forme d'une émergence, c'est-à-dire d'une nouveauté absolue survenant dans la continuité d'une évolution. Comme le remarquait Teilhard lui-même dans une lettre[70] à Jeanne Mortier de septembre 1950 : « *Vraiment je n'en reviens pas de l'impuissance des « thomistes » à apercevoir et à mesurer l'extraordinaire* ***puissance christique*** *des perspectives évolutionnistes, tout cela parce qu'ils s'obstinent à ne pas*

69. Henri de LUBAC, *Teilhard Posthume*, Fayard 1977, p. 133-134

70. Pierre Teilhard de Chardin, *Lettres à Jeanne Mortier*, Seuil 1984, p. 70

voir que, [....] l'évolution, regardée par eux comme « matérialisante » se présente au contraire comme une formidable puissance de spiritualisation ».

Teilhard a été ostracisé non pas sur la base d'un désaccord de vérités de foi ou de morale, mais sur sa manière différente de regarder le monde, c'est-à-dire un **différend de logique** ! Il a été victime d'un abus de pouvoir de la part d'une caste cléricale dominante, ce cléricalisme dénoncé aujourd'hui par le pape François.

LE DRAME INTÉRIEUR DU PÈRE TEILHARD

Dès les *Écrits du temps de la guerre*, Teilhard pressent ce qu'allait être son problème avec l'Église, ce dont témoigne cette confidence prémonitoire[71] faite à sa cousine Marguerite en décembre 1916 : « *Je ne vois guère comment mes idées verront le jour autrement que par conversation ou par manuscrits passés sous le manteau.* » En 1921, dans sa réponse à un ami incroyant qui l'engageait à quitter l'Église, il écrit[72] : « *À supposer que la forme religieuse du catholicisme soit encore plus loin de la Vérité que nous ne pensons, il resterait que pour arriver plus haut, il faut la dépasser en croissant avec elle, non en sortir pour chercher son chemin tout seul.* » Et peu de temps avant sa mort, dans une lettre à Jeanne Mortier[73], il rappelle ce que fut le dilemme de toute sa vie : « *Le père général m'invite à faire* ***paisiblement de la science****. Mais justement, comment avoir le goût de chercher en dehors d'une certaine forme d'adorer ! Toutes mes difficultés avec Rome sont là... Je vous le répète : tout ceci ne développe en moi aucune amertume, parce que je suis trop sûr du résultat final. Je ne me suis jamais senti plus lié, par le fond, à l'Église ; ni plus certain que cette Église, en repensant plus à fond son Christ, sera la religion de demain.* »

Il n'en reste pas moins que lors du premier accrochage de 1925 avec les autorités romaines, le choc est terrible. Teilhard, qui se voyait mener une carrière universitaire en France, écrit le 16 mai 1925 à son ami Auguste Valensin[74] : « *Cher ami, aidez-moi un peu. J'ai fait bonne figure : mais intérieurement, c'est quelque chose qui ressemble à l'agonie ou à la tempête... Oh ami, dites-moi que je ne suis pas infidèle à mon idéal en obéissant.* » Plus tard et en d'autres circonstances, il confiait à des amis qui l'engageaient à prendre ses distances avec l'église : « *Serait-il logique pour moi, en rompant avec mon Église, de forcer impatiemment la croissance de la tige chrétienne en qui je suis persuadé que s'élabore la sève de la religion de demain ? Je suis prisonnier de l'Église par les vues mêmes qui me découvrent les insuffisances de celle-ci* ». En 1952 enfin, alors qu'il se trouve forcé à un nouvel exil, à New York cette fois, il n'a pas un mot d'amertume, pas un mouvement de révolte. Des amis bien intentionnés

---

71. *Genèse d'une pensée. Lettres (1914-1919)*, Grasset 1970, p. 200
72. Sur mon attitude vis-à-vis de l'église officielle, *Le cœur de la matière*, Seuil 1976, p. 136
73. *Lettres à Jeanne Mortier*, Seuil 1984, p. 178
74. *Lettres intimes de Teilhard de Chardin à Auguste Valensin, Bruno de Solages, Henri de Lubac, 1919-1955*. Aubier-Montaigne, 1965, pp.115-116

lui conseillent pourtant de secouer le joug, de quitter la Compagnie de Jésus et pourquoi pas l'Église catholique. Il leur répond : « *Non, je sortirais de mon Milieu divin ; je romprais le fil qui me tient relié à la volonté de Dieu, je n'aurais plus conscience d'être conduit par elle* ».

Mais dans le même temps, Teilhard ne craint pas de poursuivre sa recherche spirituelle et théologique, même s'il ne peut s'en faire l'écho que par voie de conversations et de simples lettres. Quelques rares articles réussissent néanmoins à échapper à la censure et certaines de ses conférences sont reprises par des auditeurs sous forme de documents polycopiés circulant bientôt sous le manteau. Convaincu de la vérité de son Christ cosmique, Teilhard va jusqu'à écrire de véritables synthèses – *Le Milieu divin, Le Phénomène humain, La place de l'homme dans la nature* – qui sont à deux doigts d'être publiées et chaque fois interdites au dernier moment. Il sollicite en 1948 une entrevue avec le général des jésuites, le Père Janssens, et part pour Rome, espérant obtenir enfin l'autorisation de publier *Le Phénomène humain*, autorisation qui lui sera une nouvelle fois refusée. Il s'est expliqué auparavant dans une lettre à une amie[75] sur les raisons de son obstination à faire reconnaître par l'église la pertinence de sa vision : « *Je ne vais pas à Rome pour demander quoi que ce soit, mais plutôt pour jeter à la tête de mon Église tout ce qui est devenu évident pour moi au cours des années... Je crois simplement qu'en l'état actuel des choses, on maintient le Christ trop petit (en comparaison du monde) : de ceci ils ne peuvent pas m'en vouloir (le seul ennui, c'est qu'ils ne voient pas la véritable dimension du monde)* ».

Pour autant, Teilhard ne perd pas courage et rédigera des notes à usage de ses supérieurs où il montre la nécessité de changer de discours. Dans l'une d'elles, rédigée en septembre 1952 et intitulée « *Ce que le monde attend de l'église de Dieu* », il essaye une dernière fois en vain d'attirer l'attention des autorités romaines sur la gravité de la crise de l'Église. Il écrit[76] : « *Aussi longtemps que, par une Christologie renouvelée (dont tous les éléments sont entre nos mains), l'Église ne résoudra pas le conflit apparent désormais éclaté entre le Dieu traditionnel de la Révélation et le Dieu « nouveau » de l'Évolution, aussi longtemps le malaise s'accentuera, non seulement en marge, mais au plus vif du monde croyant ; et le pouvoir chrétien diminuera, de séduction et de conversion.* »

Dès 1951 toutefois, un certain nombre d'amis dont le Père Jouve, alors rédacteur en chef de la revue *Études* et ancien provincial des jésuites, conscients qu'il serait dommageable qu'à la mort de Teilhard ses œuvres religieuses restent ignorées ou disparaissent, lui demandent de les confier à celle qui fut sa dernière secrétaire et collaboratrice, Jeanne Mortier, en faisant d'elle son héritière. En suivant, dit-il « *le signe divin*

75. *Accomplir l'Homme, lettres inédites*, Grasset, 1968, p. 224, Lettre à Rhoda de Terra du 7 septembre 1948.

76. *Comment je crois*, Seuil 1969, Le Cœur du problème, p. 253

manifesté par l'intention expresse du Père Jouve», Teilhard rédigea rapidement un testament en sa faveur, ce qui va permettre de commencer, dès sa mort, la publication des œuvres.

UNE MORT EN FORME D'ASSOMPTION

À New York, le dimanche 10 avril jour de Pâques, à 6 heures de l'après-midi, après avoir passé une excellente journée, le père Teilhard en visite chez des amis fut terrassé par un AVC et décéda dans les minutes qui suivirent. Dans les dernières lettres à Jeanne Mortier, il avait écrit: «*Priez pour que je reste bien vivant en attendant de bien mourir*»[77] et aussi: «*Bien finir! pas pour moi mais pour la Cause. Oui, demandez beaucoup cela pour moi.*»[78] Et peu de temps avant sa mort, lors d'un dîner au consulat de France de New-York, il avait déclaré à des neveux qui s'en sont ensuite fait l'écho: «*J'aimerais mourir le jour de la résurrection du Seigneur*».

Le matin du mardi 12 avril, à l'église St Ignace de Park Avenue, devant une dizaine d'amis new-yorkais présents ce jour-là, une messe de funérailles d'une extrême simplicité fut célébrée par le père de Breuvery, secrétaire général adjoint de l'ONU, qui partageait avec Teilhard le même appartement à la résidence jésuite. Puis le mercredi 13 avril, son ami jésuite Pierre Leroy, accompagna le corps à Saint-Andrew-on-Hudson, à environ 150 km de New-York, où les jésuites de la province de New-York avaient leur noviciat et leur cimetière. Le mort y fut enterré à même le sol et y repose depuis.

En France, la famille fut prévenue dès le 11 avril et le soir même, Marguerite Teillard-Chambon cousine de Teilhard avec laquelle il était très lié depuis la grande guerre, écrivait à Joseph, frère cadet de Teilhard: «*Mon cher Joseph, j'ai été tellement émue ce matin que je crois bien vous avoir appelé Pierre. Pardonnez-moi. J'ai peine à penser que nous ne pourrons plus appeler ce nom. [...] On va beaucoup parler de lui – mais dans ces premières heures, il nous appartient davantage à nous, sa famille. [...] À Dieu, c'était la formule qu'il aimait et qui dit tant de choses*»[79].

Ainsi prenait fin la recherche intellectuelle et spirituelle de l'un des plus grands aventuriers de l'esprit du XXe siècle. En apparence, l'échec humain le plus total! Mais n'était-ce pas le sort qu'avait connu le Ressuscité? C'est pourquoi la dernière phrase de son testament spirituel, *Le Christique*, terminé quelques jours avant sa mort, sonne comme une note d'espérance: «*Il suffit, pour la Vérité, d'apparaître une seule fois, dans un seul esprit, pour que rien ne puisse jamais l'empêcher de tout envahir et de tout enflammer*»[80].

77. *Lettres à Jeanne Mortier*, Seuil 1984, p. 131
78. Ibid., p. 147

79. Archives privées, Marie Bayon de la Tour, petite fille de Joseph
80. Pierre TEILHARD DE CHARDIN, *Le Cœur de la Matière*, Le Christique, tome 13 des Œuvres, Seuil 1976, p. 117

POUR CONCLURE

Dix ans à peine après la mort de Teilhard se tenait le concile Vatican II qui opérait, avec les constitutions *Dei verbum* et *Gaudium et spees* le recentrage christologique qu'il avait tant espéré. Dans les années suivantes s'amorça un long processus qui conduisit à reconnaître (en 2004) en Teilhard un grand penseur chrétien, puis un apôtre (en 2012) pour la nouvelle évangélisation que les papes Benoît XVI et François ne craignent pas de citer. **Désormais, c'est donc bien davantage en précurseur qu'en contestataire qu'il convient de présenter Teilhard.**

Pour ma part, j'ajouterai que c'est en actualisant Teilhard au triple plan scientifique, sociétal et théologique, que l'on peut lui redonner la séduction, la puissance intellectuelle et la force d'attraction qui furent les siennes voici bientôt un siècle. Cette conviction était déjà celle du théologien N.M. Wildiers, préfacier des Œuvres complètes de Teilhard, lorsqu'il écrivait en 1976 dans son Avant-Propos au treizième et dernier tome[81] des Œuvres : « *La grande tâche qui nous attend dorénavant est de continuer la pensée du Père Teilhard de Chardin dans le domaine de la science, de la philosophie et de la théologie au-delà des limites que les circonstances lui avaient imposées. C'est à cette condition – et cette condition seulement – que l'œuvre commencée par lui, atteindra son plein épanouissement et donnera les fruits qu'il attendait d'elle.* » Rappelons que le Père Teilhard disait lui-même : « *Je serai compris lorsque j'aurai été dépassé.* » À cette œuvre d'actualisation, j'ai essayé d'apporter une modeste pierre avec mon livre *Teilhard de Chardin, Science-Géopolitique-Religion, l'avenir réenchanté.*

81. *Le Cœur de la Matière*, Éditions du Seuil, 1976, p. 16,

Pour en savoir plus

https://www.teilhard.fr/spiritualites_et_religions

Science et technologie

Écologie, démocratie et religion

Hervé Nifenecker

Polytechnicien, Docteur en sciences, Professeur climat-énergie à l'UIAD

Plus personne ne met en cause l'augmentation de la température moyenne de l'atmosphère même si un ralentissement de la tendance a été observée sur quelques périodes comme de 1998 à 2012. Personne ne nie le recul de la banquise arctique en été, ni la fonte accélérée des glaciers de montagne et des calottes groenlandaise et antarctique. En même temps la concentration du CO2 dans l'atmosphère croît.

Même les climato-sceptiques acceptent ces observations. Certains considèrent cependant que ces évolutions ne sont pas dues aux activités humaines mais à une augmentation de l'irradiation solaire qui provoquerait un réchauffement global analogue à une sortie de glaciation. La hausse de la concentration de CO2 serait alors due à un dégazage des océans consécutif à leur réchauffement. Dans ce cas on s'attendrait à une diminution de la concentration du CO2 dans l'Océan. Or c'est le contraire qui se passe !

Les mécanismes en jeu, bien que forts complexes, sont néanmoins facilement explicables.

La terre reçoit la radiation solaire qui la réchauffe. Elle se refroidit en renvoyant un rayonnement infrarouge vers l'espace. Ce rayonnement infrarouge est d'autant plus intense que la température de la surface de la terre est élevée. À l'équilibre la température moyenne de la surface terrestre et fixée de telle manière que l'énergie renvoyée dans l'espace par la terre est égale à celle reçue du soleil. Ce sont les gaz à effet de serre qui, par leur capacité à renvoyer une partie du rayonnement infrarouge vers le sol provoquent une hausse de la température au niveau du sol ou de la mer.

Les principaux gaz à effet de serre sont, par ordre d'importance, le gaz carbonique (CO2), le méthane (CH4), et les oxydes d'azote. Ces gaz sont à la fois produits et absorbés dans des processus naturels.

Le CO2 est produit par la respiration des êtres vivants formant la biomasse et est absorbé et transformé en carbone organique par la photosynthèse. Le réchauffement vient du fait que activités humaines constituent une source supplémentaire de CO2, essentiellement par la combustion du charbon, du pétrole et du gaz naturel.

Le méthane résulte de la décomposition de la biomasse en présence d'eau.

L'activité humaine crée des sources supplémentaires (riziculture, développement des troupeaux de bovins et ovidés, mais aussi pertes associées à l'usage du gaz naturel). À volume égal, l'effet de serre du méthane est de 20 à 60 plus puissant que celui du CO2 selon l'horizon temporel choisi.

Les oxydes d'azote sont le résultat de l'oxydation de l'azote de l'air. Ils sont, en moyenne, 300 fois plus efficaces que le CO2. Les activités humaines émettrices d'oxydes d'azote résultent de la combustion des combustibles fossiles (particulièrement des carburants automobiles) et surtout de la décomposition des engrais azotés.

Pour mémoire il convient de mentionner la vapeur d'eau qui est un puissant gaz à effet de serre mais dont la concentration est stable pour une température donnée de l'atmosphère : au-delà d'une certaine concentration il se met en effet à pleuvoir ou neiger...

Ce qu'il faut bien voir c'est que derrière chacune de ces sources de gaz à effet de serre se cachent des intérêts économiques, voire géopolitiques, considérables. Sont essentiellement concernés :

- Charbon : Chine, USA, Allemagne, Pologne, Russie, Ukraine, Australie, Colombie
- Pétrole : Arabie Saoudite, Qatar, Émirats Arabes Unis, Koweit, USA, Russie, Iran
- Gaz : Maghreb, Russie, Norvège, Iran, Qatar, USA

Certains États vont bénéficier du réchauffement climatique. Ce seront surtout la Russie (Sibérie) et le Canada. Il en est de même pour certaines sociétés multinationales, particulièrement celles qui sont présentes dans les secteurs pétrolier et gazier : Exon, Total, Gazprom, Engie...

VOIR AU-DELÀ DES INTÉRÊTS PUREMENT ÉCONOMIQUES

Mais, bien au-delà des intérêts économiques, il faut constater qu'il existe des liens étroits entre le niveau de vie des populations et leurs consommations d'énergie. Toute la question est de détecter où se situe la limite de cette corrélation et, par-là, de déterminer jusqu'où et comment la décroissance chère aux écologistes est raisonnable.

Le tableau 1 et la figure 1 montrent la corrélations entre PIB par habitant et espérance de vie.

On remarque que les américains qui ont un PIB par habitant presque dix fois plus élevé que celui des chinois n'ont que deux ans de supplément d'espérance de vie. Ils ont aussi un PIB par habitant près de 4 fois supérieur à celui de la Pologne mais une espérance de vie inférieure de près de 4 ans !

	USA	Pologne	France	Chine	Égypte	Inde	Australie	Brésil	Allemagne
PIB/ha	51,7	14,4	41,3	6,4	2,45	1,69	63,6	8,1	44,2
Espérance de vie	78,1	81,8	82,4	76,1	70,9	68,3	82,8	75	80,64
IDH	0,92	0,855	0,897	0,738	0,691	0,624	0,939	0,754	0,926

Tableau 1 – PIB par habitant et espérance de vie pour un choix de pays

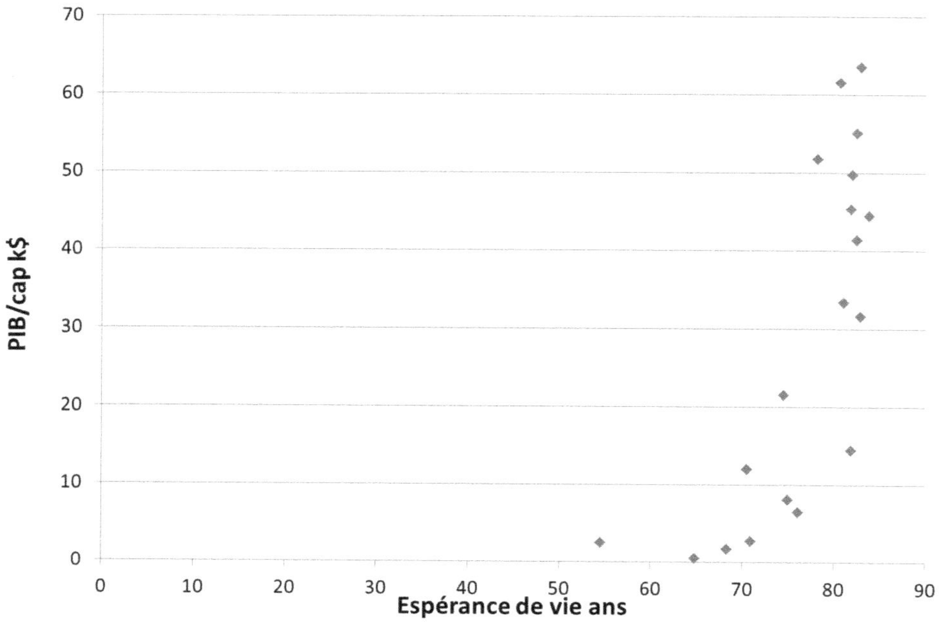

Figure 1 – Corrélation entre le PIB/ha et l'espérance de vie

Pour représenter la qualité de vie il est courant d'utiliser l'IDH (Indice de Développement Humain[82]). La relation entre cet indice et le PIB par habitant n'est pas triviale comme on le voit sur la Figure 2. Alors que l'IDH augmente très rapidement pour les PIB/ha inférieurs à 20 000 dollars par habitant il sature pratiquement pour les PIB supérieurs à 25 000 dollars par habitants. Les pays ayant de tels PIB par habitant auraient donc intérêt à avoir une politique de lutte contre le gaspillage puisqu'une bonne part de leurs dépenses ne contribuent pas à améliorer leur IDH, et peut donc être considérée comme gaspillée. Il s'agit essentiellement des pays de l'OCDE.

Quelques exemples indiqués sur le Tableau 2 permettent de voir quel est le montant de réduction du PIB qui pourrait être réalisé tout en préservant l'indice de qualité de vie :

Pour comprendre les données du Tableau 2, il est utile de prendre un cas spécifique, celui des USA, par exemple. Le PIB des USA est de 16 600 Mds de dollars. Leur population est de 321 Mns. Par conséquent le PIB/ha vaut 51,7 k$. On considère que le développement humain des américains ne s'améliorerait pas pour un PIB/ha supérieur à 25 k$. Il serait donc possible que les Américains voient leur PIB divisé par près de 2 sans répercussion sur leur « niveau de vie » et en évitant l'émission de 2,5 Mds de tonnes de CO_2

82. L'indice de développement humain (IDH) est un indice statistique composite pour évaluer le taux de développement humain des pays du monde. L'IDH se fonde alors sur trois critères : le PIB par habitant, l'espérance de vie à la naissance et le niveau d'éducation des enfants de 17 ans et plus. (https://fr.wikipedia.org/wiki/Indice_de_d%C3%A9veloppement_humain#Formule_de_2011)

Pays	USA	Allemagne	Japon	France	Australie	Danemark	Suède	Chine	Russie
PIB G$	16600	3624	5642	2729	1439	326	540	8910	1723
Pop Mds	321	82	127	66	22,6	5,3	11,9	1371	144
PIB/Pop k$	51,7	44,2	44,4	41,3	65,8	61,5	45,3	6,5	12
objectif	25	25	25	25	25	25	25	25	25
Réduction %	51	44	43	39	62	55	44	0	0
Gain PIB G$	8466	1594	2426	1064	892	179	237	0	0
GainCO2 Mt	2540	319	509	106	232	18	17	0	0

Tableau 2 – Réduction des émissions de CO2 par réduction de la consommation sans détériorer l'indice de développement humain

Au total, en limitant le PIB/ha à 25 k$/ha on voit qu'il serait théoriquement possible de rendre disponibles 17600 G$/an soit 23 % du PIB mondial. En moyenne les émissions de CO2 par G$ sont de l'ordre de 0,5 MtCO2/G$. On peut estimer que l'effort de sobriété permettrait d'économiser environ 9 Giga tonnes de CO2 par an, qui ne représente qu'un quart des émissions actuelles (36 Gt).

Une telle réduction est donc **largement insuffisante** pour atteindre les objectifs climatiques pour lesquels il faudrait diviser par quatre les émissions de gaz à effet de serre.

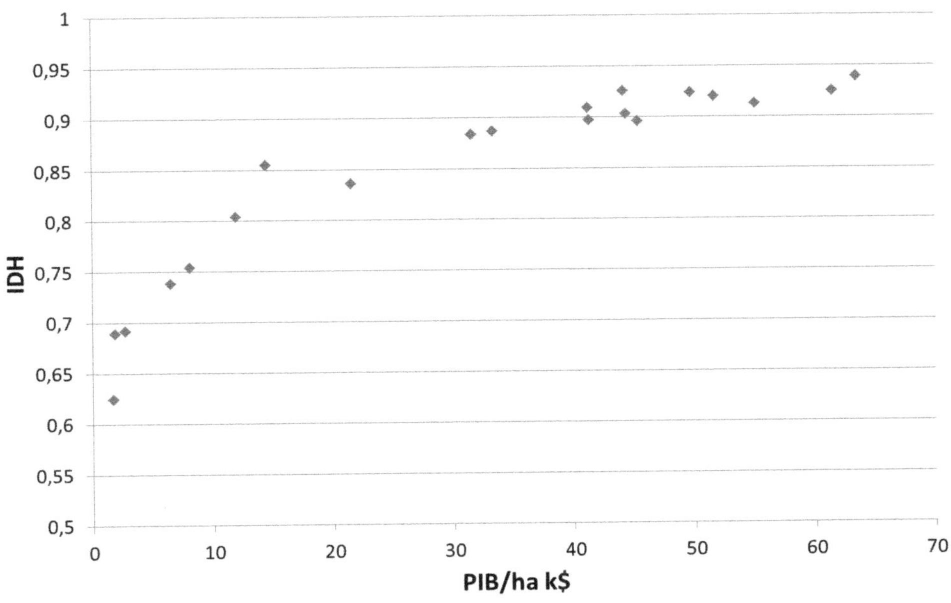

Figure 2 Corrélation entre le PIB par tête et l'Indice de Développement Humain

Quels moyens reste-t-il pour maitriser la situation ?

Pour les entrevoir on peut cette fois prendre l'exemple de la France. Grâce au nucléaire, elle émet 4 fois moins de CO2 par unité de PIB que la moyenne mondiale. Si l'intensité carbone du monde atteignait celle de la France, les émissions seraient ramenées à 7 Gt par an, une valeur proche de celle qui serait nécessaire d'atteindre pour limiter la hausse de la température moyenne à 2 °C.

Si, en outre, on utilisait plus intensément cette électricité décarbonée dans la mobilité et la production de chaleur on pourrait ramener les émissions mondiales aux environs de 3Gt/an. Le réchauffement climatique serait alors maintenu dans les limites préconisées par le GIEC, à savoir en dessous de 2 degrés.

UNE PROBLÉMATIQUE QUI N'EST PAS ESSENTIELLEMENT D'ORDRE TECHNIQUE

On le voit, le problème n'est donc pas d'ordre technique puisque voilà bien longtemps que l'on sait construire des centrales nucléaires. Il en existe d'ailleurs 450 dans le monde. Le fond du problème relève du constat que l'énergie nucléaire, spécialement en Europe de l'Ouest, est rejetée par une large part des populations car, faute d'informations réalistes, elle est considérée comme très dangereuse.

Comme le montre le tableau 3 la réalité est toute autre :

+	*Décès pour 1000 TWh*
Charbon (monde)	170 000
Charbon (Chine)	280 000
Charbon (USA)	15 000
Fioul	36 000
Gaz Naturel	4 000
Biomasse	24 000
Solaire (PV)	440
Eolien au sol	150
Hydroélectricité	1 400
Nucléaire	90

Tableau 3 – Nombre moyen de décès déplorés pour la production de 1 000 TWh d'électricité pour différentes techniques de production. Pour le nucléaire les victimes de Tchernobyl et Fukushima ont été pris en compte[83].

On le voit le nucléaire est la technique la moins létale pour produire de l'électricité. Étrangement, de nombreux citoyens se refusent à prendre en compte les études qui démontrent que leurs peurs ne sont pas fondées, études systématiquement mises en question par tous ceux qui, par peur fantasmatique, intérêt ou idéologie refusent de voir les technologies nucléaires se développer.[83]

Il est utile de placer cette peur du nucléaire dans un contexte plus vaste.

L'Évolution a favorisé l'organisation sociale chez homo sapiens, ce qui revient à s'assurer qu'en certaines circonstances, l'intérêt de l'individu soit subordonné à celui de la société. Il faut donc organiser la société de telle sorte que l'individu intègre ses exigences.

Dans les sociétés de cueilleurs il y eut sans doute un troc entre l'individu et les forces divines locales avant de commencer à comprendre le fonctionnement des forces divines d'où, peut-être, la naissance d'une première démarche « scientifique ».

Par la suite, plus la société a regroupé d'individus, plus les divinités ont pris de la « hauteur ». Elles se sont attachées des spécialistes : des clercs supposés être en contact privilégié avec elles.

La caste des clercs a utilisé deux leviers pour maintenir l'équilibre entre l'intérêt des individus et celui de la société : la peur de la mort assortie d'une punition individuelle et celle de la catastrophe finale, ces peurs étant souvent manipulées au détriment de la science.

On peut malgré tout supposer que la Genèse correspond à une démarche scientifique primitive. Par la suite de nombreuses hypothèses scientifiques ont été produites par des « clercs » comme Roger Bacon, Copernic, Mendel, l'abbé Lemaître ou Teilhard de Chardin.

Ce n'est que récemment, après les explosions des bombes atomiques d'Hiroshima et de Nagasaki et alors que tout comme les croyances religieuses, les croyances au progrès perpétuel issues des Lumières perdaient leur pouvoir d'attraction, que le terme de « nucléaire » commença à faire peur. La polémique sur les essais dans l'atmosphère, dénoncés par de très grands physiciens ayant participé au programme Manhattan, renforça cette peur, particulièrement aux USA. L'arrêt des tests atmosphériques par les américains marqua un premier succès de l'heuristique de la peur défendue ultérieurement par Hans Jonas.

S'en suivit de multiples alertes touchant des domaines très divers.

En 1962 la parution du livre « Silent Spring » de Rachel Carson alerta sur la chute de la biodiversité attribuée à l'usage massif d'insecticide et alimenta un nouveau catastrophisme environnemental.

Après 1968, c'est dans le contexte de la guerre du Vietnam que se développa l'idée d'un complexe militaro-industriel devenu un ennemi majeur des jeunes soixante-huitards. L'association Sierra Club multiplia, en plein accord avec les lobbys charbonniers, les recours contre la construction de réacteurs nucléaires... Marcuse, un des gourous de cette génération considérait que *« une des réalisations de la civilisation industrielle avancée est la régression non-terroriste*

---

83. Forbes Magazine : http://www.forbes.com/sites/ jamesconca/2012/06/10/energys-deathprint-aprice-always-paid/ Données du programme Européen Externe : http://www.externe.info/externe_d7/?q=node/40)

et démocratique de la liberté – la non-liberté efficace, lisse, raisonnable qui semble plonger ses racines dans le progrès technique même». En d'autres termes : la science et la technique répriment la liberté de l'homme.

En 1972 parut le rapport du Club de Rome « *The limits to growth* » (rapport Meadows) qui critiquait de façon, semblait-il, définitive l'idéologie de la croissance. Un argument quasiment philosophique de ce rapport est de considérer que les technologies et le marché sont responsables de la situation actuelle et donc que recourir à eux pour en sortir ne pourrait qu'aggraver la situation.

> *In short, society develops technologies and markets that hasten a collapse instead of preventing it.*

À l'époque la parution d'une étude démontrant que la surgénération nucléaire pouvait assurer, en contradiction avec le rapport du Club de Rome, des milliers d'années de production d'électricité fut évidemment occultée. On se contenta de souligner de façon succincte et incompétente la question des déchets :

> *The most intractable wastes are nuclear wastes, hazardous wastes (like human synthesized chemicals), and greenhouse gases. They are chemically the hardest to sequester or detoxify, and economically and politically the most difficult to regulate.*

L'ÉCOLOGISME UNE NOUVELLE RELIGION

Ainsi naquit une nouvelle religion, l'écologisme, qui fait de l'homme un prédateur menaçant l'existence même de la Nature, érigée au rang de nouvelle divinité. Une nouvelle religion qui utilise efficacement et habilement la technique de la peur de la fin du monde.

Toute tentative de détourner la menace sans recourir massivement à la décroissance est hérétique. La décroissance est la seule issue, le seul salut pour les pécheurs. Utiliser des OGM pour obtenir que des plantes puissent se défendre de façon spécifique contre leurs prédateurs sans épandage généralisé de pesticides est « l'abomination de la désolation » !

Comme les religions, les idéologies deviennent des sources de réconfort mais comme elles, elles ont besoin d'étendre le domaine des interdits. C'est ainsi que l'écologisme désigne l'unique coupable : l'homme et sa volonté de domination. À travers Gaïa qui est la personnification de la Terre dans la cosmogonie d'Hésiode, un véritable culte de la nature s'est instauré, un culte au nom duquel ses tenants s'autorisent une dérive dictatoriale. Pour ces nouveaux grands prêtres, plus la science avance, plus elle devient complexe et plus elle doit faire l'objet de soupçons légitimant des réponses alternatives.

Il est important de remarquer qu'à la différence des grandes religions, le culte de Gaïa ne propose pas une cause ultime, une raison d'être, un rôle particulier attribué à l'espèce humaine mais se contente de détruire l'idée que les choses iront en s'améliorant par l'apport des avancées scientifiques.

À la décharge de nos contemporains, il convient cependant de mentionner que la démocratie est une forme très angoissante de régime politique puisqu'elle impose un débat permanent. Cela peut être sain si l'information circule correctement. Le problème c'est que les démocraties ont largement failli à leurs taches éducatives en laissant circuler des montagnes de contre-vérités. Faute d'instruction sérieuse, approfondie et généralisée des citoyens, la démocratie directe risque de donner le pouvoir à l'irresponsabilité et à l'ignorance.

Quoiqu'il en soit, c'est en croyant au progrès plutôt qu'à la fin du monde ou à la décadence que nous pourrons garder notre optimisme et rester constructif. Citons Teilhard de Chardin :

> *« La technique a un rôle biologique proprement dit : elle entre de plein droit dans le naturel. De ce point de vue, conforme à celui de Bergson, s'évanouit l'opposition entre artificiel et naturel, entre technique et vie, car tous les organismes sont les résultats d'inventions ; s'il y a différence, elle est en faveur de l'artificiel »*[84]

Il semble donc que la course de vitesse entre les forces du nihilisme et celles du progrès est, une fois de plus, engagée.

Pour lutter efficacement contre les effets de la crise climatique, le monde qui se prépare va être contraint d'accoucher de nouvelles formes de solidarités et c'est fort bien. Faute de périr l'Humanité va devoir apprendre à se dégager de ce qui lui reste de sa gangue animale. Plus que jamais ce seront des forces d'unité – de l'ordre de l'amour – qui vont devoir s'imposer, des forces qui sont probablement, comme l'a montré Teilhard, du même ordre que celles qui ont fait émerger la vie de la matière

La confiance doit renaitre et les portes sont bien loin d'être closes. Laissons Teilhard de Chardin conclure :

> *« La consommation moyenne de chaque individu humain est décidemment en train de dessiner une sorte d'exponentielle, partie vers la verticale. Et parce que cette vertigineuse ascension paraît bien correspondre, en fin de compte, non point du tout à un gaspillage, mais à ce qu'on pourrait appeler « une énergie spécifique de totalisation » de la masse humaine, rien ne permet de penser que la courbe (si tout va bien...) doive jamais s'infléchir et redescendre ».*[85]

N'est-il pas aussi permis de penser que le réchauffement climatique pourrait nous contraindre à réchauffer les cœurs et nous conduire vers une sorte de soulèvement patriotique universel ?

Hervé Nifenecker

Pour en savoir plus

https://www.teilhard.fr/sciences_et_technologies

84. L'activation de l'énergie – Page 166

85. L'activation de l'énergie – Page 389

Quand Teilhard et Hawking pensent la Création

par Sœur Kathleen Duffy ssj

Professeur de physique au Chesnut Hill College de Philadelphie (USA)

Nous reprenons ici la première partie de l'article de Kathleen Duffy, publié dans la revue de l'association américaine « Teilhard Studies » N° 78 du printemps 2019 (Traduction Marie Anne Roger). Cet article est une intéressante réflexion de nature épistémologique sur la difficulté à transcrire un concept de nature scientifique dans le champ de la théologie et réciproquement. Pour pouvoir le faire, il convient de prendre de grandes précautions méthodologiques, ce que fait parfaitement Teilhard mais pas Hawking.

INTRODUCTION

Je n'ai rencontré Stephen Hawking qu'une fois. Cet après-midi d'automne des années 1980, il avait été transporté dans son fauteuil roulant sur l'estrade du Disque Hall de l'Université Drexel (Philadelphie) où il devait parler des micro-trous noirs. Après avoir été chaleureusement accueilli par l'assistance, il commença à marmonner son discours, phrase après phrase, à l'étudiant qui l'assistait, qui ensuite en diffusait le contenu à l'auditoire. À ce moment-là, il commençait déjà à souffrir gravement d'ASL (sclérose latérale amyotrophique), mais il n'utilisait pas encore de synthétiseur vocal et seules les personnes proches pouvaient le comprendre. Après la conférence, pendant une pause-café au Département de Physique, je fus impressionnée par cet homme qui non seulement pouvait si librement rencontrer les gens et réaliser des calculs complexes sans l'aide d'ordinateur, de calculatrice, ou même de papier et de crayon, et qui, en dépit de difficultés physiques majeures, était déterminé à achever un travail qui lui paraissait crucial.

En tant que physicienne, j'admire ceux qui, comme Stephen Hawking, ont essayé de réaliser le rêve d'Einstein : découvrir ce qu'on a appelé la Théorie du Tout (Theory of Everything – TOE), théorie dont on pense qu'elle réunira la mécanique quantique et la relativité générale, les échelles microscopique et macroscopique. L'une de ses dernières expressions, avec laquelle Hawking était d'accord, est la théorie des *Supercordes*, théorie qui soutient que chaque particule que nous avons appelée élémentaire est composée, en fait, d'une corde infinitésimale dont le modèle de vibration est responsable de l'unicité de ladite particule. Ces cordes sont continuellement en mouvement, et offrent un tableau dynamique du cosmos en son cœur même. Cependant, toute attirante qu'elle soit, la théorie des *Supercordes* présente un sérieux défaut. Il est difficile de trouver des essais expérimentaux pour une théorie qui se manifeste dans des ordres de grandeur tellement inférieurs à la taille de l'atome. Et, en conséquence, la théorie des *Supercordes* est loin de faire actuellement l'unanimité dans la communauté des physiciens.

L'un des nombreux sujets d'intérêt du chercheur Hawking concerne le commencement du temps, et en particulier la question de savoir s'il y en a eu un. Bien que la théorie du Big Bang fournisse des informations sur l'évolution du cosmos jusqu'à un moment extrêmement proche de cet instant, la présence d'une singularité initiale fait qu'il est impossible de dire quoi que ce soit du commencement physique. Pour essayer de surmonter cette difficulté, Hawking a utilisé la théorie M ainsi que plusieurs approximations afin de « gommer » toutes les singularités et de mettre en place quelques conditions-frontières, ce qui lui a permis de faire les calculs nécessaires. D'après sa Proposition *Sans-Frontières*, l'univers n'a pas eu de commencement. En fait, notre univers semble être une petite bulle à 4 dimensions dans un multivers contenant beaucoup d'autres univers.

Bien que ce résultat soit intéressant et qu'il puisse, en fait, être la réalité, il convient d'être prudent en ce qui concerne plusieurs étapes du processus de Hawking. Parmi celles-ci, il faut compter le fait que la théorie des *Supercordes*, sur laquelle est basée la Proposition Sans-Frontière, n'a pas encore fait l'objet d'expériences. De plus, Hawking a fait des approximations et imposé des conditions frontières afin de pouvoir réaliser les calculs nécessaires. Bien que la science utilise parfois avec succès des approximations pour simplifier les calculs, les approximations peuvent parfois donner des résultats erronés. On se rappelle comment, quand les ordinateurs finirent par permettre aux physiciens de résoudre les équations non linéaires sans les réduire à des équations linéaires approximatives, la façon dont nous avons compris le monde physique a changé du tout au tout ; le nouveau domaine de la science de la complexité est apparu, avec des manières nouvelles et performantes de considérer la dynamique non linéaire.

On peut déjà s'interroger sur l'affirmation catégorique de Hawking au sujet des propriétés physiques de l'univers, basées sur une théorie physique non expérimentée. Et le fait qu'il utilise ce résultat non testé de la physique pour décider d'une question théologique est encore plus inquiétant. Il affirme en outre que, puisqu'il n'y a pas de commencement et du fait que la force de gravitation est suffisamment puissante pour produire l'univers matériel, Dieu n'est plus nécessaire. Le fait de baser cette conclusion sur une découverte scientifique constitue un bel exemple de scientisme, croyance selon laquelle la science est le seul chemin fiable pour arriver à la vérité ; cet essai utilise à tort des théories physiques pour répondre à des questions de nature religieuse. De plus, l'utilisation par Hawking d'une idée de la création quelque peu passée de mode constitue un exemple de littéralisme biblique. C'est ainsi qu'alors que Hawking emploie les théories physiques dernier cri pour conclure que l'univers n'a pas eu de commencement, il essaie, en même temps, de discréditer une image de Dieu démodée, un Dieu qu'il décrit avec un vocabulaire anthropomorphe, un Dieu clairement trop petit pour le cosmos que nous connaissons aujourd'hui. Décider de l'existence de Dieu en se basant sur des mécanismes purement physiques, c'est réduire Dieu à un mécanicien. Il n'est pas surprenant alors que ce Dieu soit inutile. Il n'est pas douteux que les nouvelles données sur les aspects physiques de l'univers à ses débuts puissent améliorer la façon dont la théologie comprend la création, et il faut encourager fortement le dialogue dans ce domaine. Cependant, il serait nécessaire que l'échange se fasse entre des théories, expérimentées ou non, de la plus haute qualité dans les deux domaines.

Par conséquent, au lieu de se baser sur la façon dont Hawking aborde cette question sur Dieu et la création, je suggère une autre façon, une façon conçue par le géologue et paléontologue jésuite Pierre Teilhard de Chardin. Quand Teilhard était encore jeune séminariste, l'Église catholique, en s'appuyant sur des considérations théologiques obsolètes, s'opposait à la théorie de l'Évolution. Et, tout comme la résistance de l'Église à Galilée et à la vision du système solaire héliocentrique il y a plusieurs siècles, cette résistance à l'Évolution est un exemple d'utilisation erronée de la théologie pour énoncer quelque chose qui est du domaine de la science. Teilhard, d'un autre côté, s'est rendu compte que l'évolution est non seulement compatible avec une perspective religieuse, mais en fait améliore la façon dont nous comprenons Dieu et le cosmos. Pour analyser cette conviction, il a travaillé de nombreuses années sur un exposé de sa foi qui démontrerait leur compatibilité.

Pour Teilhard le géologue et paléontologue, l'Évolution était écrite avec évidence dans les roches et les fossiles qu'il rencontrait sur les sites. Les interprétations littérales des histoires de la création, du Jardin d'Éden et du péché originel, que l'on trouve dans les deux premiers chapitres du Livre de la Genèse, ont des implications pour les doctrines chrétiennes de la Création, de l'Incarnation et de la Rédemption qui ne cadraient plus avec l'expérience scientifique de la théorie de l'Évolution qui était la sienne. Teilhard savait qu'il ne pouvait pas mener une vie harmonieuse si sa science et sa foi étaient en contradiction. Il regrettait aussi les ravages opérés sur la foi des autres, particulièrement ceux qui étaient engagés dans la science. C'est pour cette raison qu'il décida d'essayer de résoudre ce conflit en développant un acte de foi personnel qui pourrait éventuellement être utile à d'autres. Le résultat de cette exploration lui donna accès à une image d'un Dieu plus puissant et à une spiritualité plus intégrée.

COMMENT TEILHARD A FORGÉ SON DISCOURS DE FOI

Bien que beaucoup pensent que la foi n'est qu'une adhésion à une liste de dogmes chrétiens (*Le Milieu divin*, 129), pour Teilhard la foi est beaucoup plus que cela. Il affirme : « *Croire, c'est opérer une synthèse intellectuelle* » (*Comment je crois*, 100) afin de s'engager dans « *l'acte spirituel suprême par quoi la poussière des expériences prend figure et s'anime au feu de la connaissance.* » (*La Vision du Passé*, Chapitre 14). Ceci implique que bien que la foi du croyant doive être assurée, elle doit aussi être suffisamment souple pour incorporer la façon changeante dont nous comprenons le monde physique, chose qui n'était pas fréquente du temps de Teilhard. Cependant, de nos jours, alors que des avancées scientifiques sont fréquentes, il faut un effort constant et une réflexion permanente pour les intégrer dans notre théologie et notre spiritualité. Le fait de bâtir une expression personnelle de sa foi a aidé Teilhard à savoir comment traiter les barrières que l'Église avait dressées entre l'Évolution et la théologie.

Teilhard caractérise une expression de foi comme « *un ensemble positivement construit, où les parties se supportent et se complémentent toujours mieux mutuellement* » (*Les Directions de l'Avenir*, 150), sans jamais produire de contradiction interne. Le processus utilisé par Teilhard pour composer son discours de foi est semblable au processus utilisé par les scientifiques pour exposer une théorie scientifique. Lentement et systématiquement, les scientifiques rassemblent des données, formulent une hypothèse et font des essais avec cette hypothèse pour voir si elle est assez robuste pour mériter le nom de théorie, et *in fine* ils partagent leurs résultats avec le reste de la communauté scientifique pour savoir ce qu'ils en pensent et puissent la vérifier à leur tour. De la même façon, quand il construit son discours de foi, Teilhard assemble les données de toute son expérience de vie, scientifique et spirituelle, et il s'efforce de les intégrer dans un seul ensemble. Dans un discours de foi cohérent, les données de l'expérience forment un ensemble.

Exactement comme les scientifiques doivent rester attentifs aux expériences futures et accueillent les données nouvelles qui pourraient contredire une théorie scientifique communément acceptée, une personne qui a la foi doit toujours rester attentive à la vie pour voir si l'expérience continue à confirmer sa déclaration d'origine. Un discours de foi doit toujours rester ouvert à des révisions ; les données nouvelles qui apportent des visions nouvelles sont toujours bienvenues et confortent la déclaration d'origine. Cet exercice, que Teilhard a poursuivi toute sa vie, lui a permis de garder une foi vivante, pleine de confiance dans la force bienfaisante de Dieu (*Le Milieu divin*, 167). Sa lutte personnelle, longue et profonde, a maintenu sa foi toujours nouvelle, toute fondée qu'elle ait été sur l'Écriture et la Tradition.

Teilhard était résolu à venir à bout des contradictions que l'Évolution imposait à l'interprétation ecclésiale de la Création, de l'Incarnation, et de la Rédemption. Il ne fut satisfait que quand l'expression de sa foi fut en accord avec la totalité de son expérience. En fait, il déclara que la chose avait duré environ trente ans. Il considéra que l'expression de sa foi ne fut à peu près satisfaisante que quand, après un effort considérable, il fut capable de bâtir en un ensemble cohérent la totalité de son expérience d'homme; ses connaissances scientifiques du cosmos et les brins de sagesse trouvés dans la foi de sa tradition. Ce n'est que quand il put réaliser cette synthèse, que lorsque ses données se rassemblèrent en un ensemble cohérent, qu'il se sentit capable de dire, de tout son cœur, de tout son esprit, de tout son être: « Je crois ».

COMMENT PROCÈDE TEILHARD

Pour composer et évaluer la façon d'exprimer sa foi, Teilhard utilise deux méthodes différentes. Avec la première, il considère son expérience du monde physique, son expérience de l'évolution physique de la matière, phénomène tout-à-fait évident pour les yeux d'un géologue/paléontologue. Ensuite, il incorpore son expérience spirituelle avec ses implications, et ce n'est que graduellement qu'il peut s'occuper des dogmes de foi qui paraissaient à certains contraires à la théorie de l'Évolution. Ayant finalement établi une expression de sa foi, Teilhard renverse le processus. Dans cette deuxième étape, il va plus profond dans ce qui émerge de la façon dont il comprend Dieu et il l'évalue par rapport à la tradition. La déclaration de foi qu'il expose n'essaie pas de prouver l'existence de Dieu ou de présenter une description définitive de la réalité, elle tente plutôt de rassembler son expérience personnelle intérieure et son expérience personnelle extérieure du monde en un tout cohérent.

1re étape

Teilhard est convaincu que la foi dans le surnaturel est bâtie sur la foi naturelle, qu'il décrit comme « *toute adhésion de notre intelligence à une perspective générale de l'Univers* » (*Comment je crois*, 119). C'est pourquoi, dans la première phase de son processus, il abandonne autant qu'il le peut toutes les hypothèses théologiques sur la réalité afin de découvrir la vérité qui réside au fond de son cœur. Pour arriver à sa croyance première, il part pour un voyage imaginaire en direction du commencement du temps, en espérant explorer l'histoire de l'Évolution de l'univers telle que racontée par la science, en se concentrant, au cours de cette étape, sur la constitution purement physique de la matière.

Il commence par rassembler des données. Le géologue qu'il était, qui travaillait sur le terrain et en laboratoire, avait beaucoup appris sur le processus de l'Évolution. Mais maintenant, il veut contempler le processus de façon plus complète, afin d'arriver à une compréhension plus riche de sa dynamique. Il descend vers la partie la plus intime de lui-même et de l'univers afin de déterminer ses véritables convictions, de découvrir ses croyances profondes, croyances pour lesquelles il pourrait s'engager totalement, quoi qu'il arrive. Dans son œuvre principale, *Le Phénomène humain*, il raconte son voyage imaginaire vers le passé à travers les longueurs et les profondeurs de l'espace-temps, à travers les strates des rochers et des sols qui contiennent les secrets de la Terre, dans le passé avant qu'existe le Système solaire, avant que les étoiles et les galaxies soient formées.

En voyageant dans le passé lointain, il note comment, à rebours par rapport aux réactions chimiques et physiques, la matière retourne à des formes plus simples, les choses se décomposent et se désintègrent pour devenir les fragments qui la composent. Finalement, en approchant du commencement, Il arrive à un arrêt complet car il se trouve plongé dans une mer de particules élémentaires. Déçu de ne pas trouver l'unité qu'il cherche au commencement, il inverse le sens de son mouvement et revient à travers l'espace-temps vers le temps présent. Ce faisant, il fait l'expérience qu'une matière disparate devient graduellement plus complexe et il remarque comment des entités plus complexes arrivent à apparaître par un processus d'union. Il observe les éléments tandis qu'ils interagissent les uns avec les autres, et ne se décomposent que pour se combiner et former de nouvelles entités. Les particules élémentaires fusionnent en éléments plus complexes : les protons et les neutrons s'assemblent pour former des noyaux, les noyaux s'assemblent avec des électrons pour former des atomes, les atomes forment des molécules. Comme la matière devient plus dense, les forces de gravité condensent le gaz et la poussière cosmique et, après des millions d'années, les galaxies et les étoiles se forment dans notre univers en expansion. Des milliards d'années plus tard, les systèmes stellaires avec des planètes semblables à la Terre commencent à préparer l'arrivée de la vie.

Après une grande et violente activité, la première trace de vie apparaît sur la Terre ; les premières cellules émergent de la combinaison des molécules. Au fur et à mesure que dans les cellules se développent des structures plus intriquées, elles se divisent, interagissent, et se reproduisent. La vie continue de se composer en myriades d'espèces végétales aussi bien qu'animales, toujours plus développées tandis que continue ce processus. Leur variété semble sans limites. La diversité continue de croître, des formes nouvelles continuent d'apparaître.

En poursuivant son voyage dans l'espace-temps, Teilhard remarque un motif qu'il appelle l'Union créatrice et il le décrit ainsi : à chaque fois que deux ou plusieurs entités interagissent et se combinent, sans perdre leur identité, elles deviennent quelque chose de nouveau, supérieur à ce qu'elles auraient pu être si elles étaient restées seules. Le complexe émerge de l'union de structures plus simples. L'Union créatrice est une explication pragmatique et empirique de la façon dont l'univers vient à exister (*Science et Christ*, 72). Malgré les nombreuses voies sans issue et obstacles qu'il rencontre dans sa course, il paraît dirigé vers l'union, une différenciation constante, et une continuelle production de formes nouvelles. Teilhard devient convaincu que la matière continuera à se complexifier avec le temps. Il a découvert les fondements de sa foi naturelle, une vue générale du monde qui deviendra la pierre angulaire de l'expression de sa foi. C'est ainsi qu'il exprime son intuition fondamentale : « *Je crois que l'Univers est une Évolution* » (*Comment je crois*, 117).

2e étape

Teilhard se lance dans la seconde étape de son voyage de foi en revenant sur ses pas à travers l'espace-temps et en s'engageant dans un processus de contemplation. Cette fois, il est conscient qu'il a été tellement polarisé par le côté physique de la matière qu'il n'a pas été conscient du « dedans » des choses. Il a ignoré la composante spirituelle ou consciente de la matière. Une fois qu'il reconnaît cette omission, il voit la vacuité de l'illusion matérialiste, autrement dit la croyance que toute la réalité est physique et mesurable. Maintenant, son expérience de la matière révèle celle-ci comme pénétrée d'une vie intérieure et il remarque comment la conscience de la matière croît à proportion de sa capacité physique de complexité. En étudiant les fossiles d'animaux, il a remarqué combien cette progression était évidente. La possibilité pour un animal d'avoir une activité consciente est d'une certaine façon corrélée avec l'accroissement de complexité de son cerveau. Ceci encourage Teilhard à affirmer que toute forme de matière – que ce soit des pierres, des arbres ou des hommes – contient un certain niveau de conscience et que, comme les composants physiques de la matière, l'esprit a évolué à partir d'une forme élémentaire présente au commencement. Il est clair, alors, que ces processus d'évolution sont inséparables ; d'une certaine façon, l'esprit a évolué en parallèle avec la matière physique et a émergé sous forme de conscience réfléchie dans l'espèce humaine.

La croissance de la liberté et de l'intériorité que Teilhard a constatée pendant son voyage en avant dans l'espace-temps confirme un modèle que l'on rencontre partout dans le cosmos. La formulation qu'il donne de cette vision du cosmos est la loi de Complexité-Conscience. D'après cette loi, d'une part au fur et à mesure que la matière se complexifie elle devient capable de générer et d'entretenir des formes de conscience, ou d'esprit, plus développées ; et, d'autre part, avec la croissance de l'esprit ou de la conscience, se trouve encouragée la poursuite de la complexification de la matière. Les lois de la Complexité-Conscience et de l'Union Créatrice, qui lui paraissaient tellement évidentes dans les processus du cosmos, fournissent un mode d'emploi pour le processus de l'évolution continue. Quand elles sont séparées, l'évolution de la matière et l'Évolution de l'esprit ne réussissent pas à expliquer le sens de la vie de façon satisfaisante. Ce n'est que grâce à leur synthèse que ce dernier émerge.

En permettant aux résultats de ces deux premières étapes de son processus d'interagir, Teilhard fait des constatations surprenantes. L'univers est en cours de formation, il est dirigé vers l'union. L'esprit est vivant, il évolue, et en fait il guide le mouvement du cosmos en avant. C'est ainsi qu'il peut conclure : « *Je crois que l'Évolution va vers l'Esprit* » (*Comment je crois*, 117).

3e étape

Au cours de son effort pour forger son discours de foi, Teilhard extrapole dans l'avenir les lois d'Union Créatrice et de Complexité-Conscience, en espérant découvrir d'autres choses sur le processus de centration dans lequel est impliqué l'univers. Dans l'espèce humaine, le composant spirituel de la matière est devenu doué de réflexion, et la vie est devenue personnelle, et au cours de ce processus, une nouvelle force personnelle d'attraction, la force de l'amour, vient compléter les forces physiques fondamentales de la gravité et de l'électromagnétisme. Il semble raisonnable, alors, de penser que l'humanité continuera à se mouvoir vers un état de conscience toujours plus grand et que le cosmos continuera à converger vers ce que Teilhard appelle l'« hyper-personnel » (*Le Phénomène humain*, 174). Teilhard conclut donc : « *Je crois que l'Esprit s'achève en du Personnel* » (*Comment je crois*, 117).

4e étape

Dans la 4e étape, Teilhard explore la foi surnaturelle, c'est-à-dire la foi dans les mystères chrétiens. Grâce à l'expérience de son voyage dans l'espace-temps, il se sent suffisamment confiant pour considérer les interprétations de la Création, de l'Incarnation et de la Rédemption davantage en concordance avec la science de son temps. Pour le magistère de l'Église de son époque, ces dogmes paraissaient en contradiction avec la théorie de l'Évolution. La position de l'Église lui posait de sérieux problèmes, ainsi qu'aux nombreuses personnes qui considéraient la théorie de l'Évolution avec sérieux (*Les Directions de l'Avenir*, 222). Une fois que la nature évolutive de l'univers et de la vie devient claire, les interprétations statiques de ces mystères ne sont plus utiles. Dans un monde statique, la Rédemption est souvent dépeinte comme un retour à un Éden idéal, image qui ne peut guère être prise dans un sens littéral dans un monde en évolution. Le monogénisme également, qui prône que la race humaine a commencé avec un seul couple de parents à un moment défini dans le temps, ne tient plus biologiquement. Non plus que l'Incarnation, pour finir, qui parle généralement de la vie, de la mort et de la résurrection de Jésus sans s'intéresser à son impact sur le reste de l'Humanité, pour ne pas parler du reste du cosmos. D'un autre côté, Teilhard découvre que l'Évolution donne au message chrétien un pouvoir et une beauté supérieurs, elle confère à l'activité humaine une plus grande dignité, et elle encourage un sentiment de responsabilité envers l'avenir.

Conforté par son assurance que l'univers va converger vers le personnel ou, plus précisément, vers un état de conscience supérieur, Teilhard poursuit avec la quatrième étape de son processus. Son objectif, c'est une vision du monde religieux holistique (*Comment je crois*, 120). Il espère intégrer les mystères chrétiens de la Création, de l'Incarnation et de la Rédemption dans sa foi naturelle en l'Évolution, sans forcer l'une ou l'autre. Pour ce faire, il laisse réagir «*en pleine liberté l'une sur l'autre, au fond de moi-même, deux influences (dans ce cas l'Évolution et l'Incarnation) apparemment contraires.*» (*Comment je crois*, 117, 118).

Les données qu'amasse Teilhard pour cette étape finale consistent en quelques quinze ou vingt passages de saint Paul ou de saint Jean, des passages remarquablement cosmiques. Lire ces passages avec des lunettes cosmiques et avec en fond de tableau un monde en évolution donne une puissance à la fois dramatique et synthétique au concept du Verbe de Dieu fait chair et fournit un appui à l'effort humain. Saint Jean parle du Christ comme «*l'Alpha et l'Oméga, le Principe et la Fin*» (Ap. 21,6). Saint Paul décrit le Christ dans son action comme le «*Chef de toute Principauté et Pouvoir*» (Col. 2,10), en tête de la création à l'avenir pour l'encourager à surmonter le mal, Lui qui attire tout en un. Les mystères chrétiens deviennent soudain vivants. Ils sont cosmiques et dynamiques – ils ne surviennent plus à des instants solitaires dans l'espace-temps.

Dans un monde dynamique, un monde qui évolue et s'Incarne en même temps, le Christ joue un rôle évolutionniste. En tant que Point Oméga de la création, «*le Christ, [in quo omnia constant] est susceptible d'animer et de diriger la marche [...] de l'Univers*» (*Science et Christ*, 153). Et ces deux courants puissants (l'Évolution et l'Incarnation) convergent car «*Évolutionnisme et Christianisme ne demandent qu'à se féconder l'un l'autre et à se* synthétiser» (*Comment je crois*, 184). C'est un seul courant Cosmo-Christique dans lequel tout est attiré, il s'agit de l'Unique qui fusionne tout, entraîne tout dans l'union.

Tandis que le cosmos continue à évoluer, tout devient un dans le Christ. Ceci suppose que le Christ aussi est en cours de formation, processus qui ne sera consommé qu'à la fin des temps, où «*c'est assez [...] que le meilleur de [chacun de nous] passe, à jamais, dans un plus beau et plus grand que [nous]*» (*Comment je crois*, 136). C'est dans le Christ Cosmique que «*nous ne pouvons que nous trouver personnellement immortalisés*» (*Comment je crois*, 137).

Pour aider à la réalisation de la promesse de l'Évolution, le Christ Cosmique attire l'Humanité et l'engage à agir en vue de ce but final. En fait, la participation consciente de l'Humanité dans le mouvement en avant du cosmos est essentielle. Le monde ne peut être sauvé que si l'humanité accepte sa responsabilité et chacun «*ne peut être sauvé qu'en faisant corps avec* l'Univers» (*Comment je crois*, 149). Ainsi, la foi dans le monde devient foi dans le Christ Cosmique et, en retour, la foi dans le Christ Cosmique devient foi dans le monde. Quand Teilhard autorise les données qu'il a amassées dans son voyage cosmique à dialoguer avec les données de sa foi traditionnelle, il découvre que ces deux points de vue s'accordent bien, que le courant christique-cosmique devient très clair et que le cosmos a bien une direction.

Après avoir vérifié que son hypothèse concorde avec les données de son expérience, Teilhard devient convaincu «*que le Monde, pris comme un Tout, est assuré [...] d'arriver à un certain état supérieur de conscience*» (*Science et Christ*, 69). Il se montre confiant : l'univers est capable de continuer ce processus, l'Humanité va continuer son évolution à tâtons vers une vie plus riche, qui culminera en esprit, et que cet esprit vivra à jamais. En conclusion, il déclare : «*Que*, dans l'ensemble, *l'Univers doive ne jamais s'arrêter ni reculer dans le mouvement qui l'entraîne vers plus de liberté et de conscience, ceci m'est suggéré par la nature même de l'Esprit [...] il y a de l'Immortel en avant de nous*» (*Comment je crois*, 129, 131).

Le Christ tient tout ensemble et l'Humanité est invitée à construire la Terre en collaboration avec le Christ Cosmique. Les indications selon lesquelles l'univers a réussi dans ses tentatives pour créer des ensembles plus novateurs et plus complexes certifient, aux yeux de Teilhard, qu'il est guidé par une puissance qui en contrôle les éléments. «*Ce qui était d'abord (chez Teilhard) intuition confuse de l'unité universelle est devenu sentiment raisonné et défini d'une Présence*» (*Comment je crois*, 138). À cette étape finale de son voyage de foi, Teilhard conclut : «*Je crois que le Personnel suprême est le Christ universel*» (*Comment je crois*, 117).

La synthèse de Teilhard est complète. Il conclut son processus avec la déclaration de foi suivante, qui est en résonance avec son expérience ; ce sera la vision qui conduira toutes ses activités dans le monde :

Je crois que l'Univers est une Évolution
Je crois que l'Évolution va vers l'Esprit
Je crois que l'Esprit s'achève en du Personnel
Je crois que le Personnel suprême est le Christ Universel

(Comment je crois, 117*)*

Sœur Kathleen Duffy ssj

Pour en savoir plus

https://www.teilhard.fr/sciences_et_technologies

Courrier des lecteurs

De **Serge Drabowitch**, d'Île de France, nous avons reçu la lettre suivante relative au débat entre Xavier Molle et Gérard Donnadieu, dans le N° 6 de *Noosphère* (juin 2019), à propos de l'ouvrage sur Teilhard publié par ce dernier.

Du caractère universel de l'Évolution : Gérard Donnadieu évoque la difficulté, pour beaucoup de biologistes, d'admettre le caractère universel de l'Évolution vers la complexité. Pourtant ce caractère semble difficilement contestable, du moins en astrophysique si l'on tient compte des découvertes faites depuis la mort de Teilhard. On sait en effet en effet maintenant que dans ce domaine comme ailleurs, le hasard seul ne suffit pas : il doit se plier à la « Nécessité ». Cette dernière se manifeste par les grandes forces universelles (gravitationnelle, électromagnétique, nucléaire) qui gouvernent le cosmos et par les valeurs ultraprécises des constantes numériques qui les pondèrent. Un faible écart sur ces valeurs aurait rendu impossible l'Évolution physique du cosmos, telle que nous la connaissons. C'est cette évolution qui, par divers phénomènes de nucléosynthèse, a engendré dans des générations d'étoiles et dans l'espace, les atomes et les molécules qui se retrouvent sur Terre et ont permis à la chimie puis à la biologie de s'y développer à leur tour.

Cette observation pousse à poser le problème de la finalité sous un jour nouveau : ce ne serait pas dans la conduite même de l'Évolution que cette finalité interviendrait, mais bien plutôt dans le type de « nécessité » auquel cette évolution doit se plier.

Réponse de Gérard Donnadieu : *Notre lecteur fait référence à ce que les physiciens appellent le* ***principe anthropique*** *(du grec anthropos : homme) et qui peut s'énoncer ainsi : les constantes universelles de la physique semblent avoir été fixées de manière extrêmement fine et précise afin de permettre à notre cosmos d'être fertile, c'est-à-dire de rendre possible le développement de la vie sur Terre, puis l'apparition de la pensée humaine. S'agit-il alors d'une simple coïncidence ou d'un choix délibéré présupposant l'existence d'un Créateur ? La plupart des physiciens refusent de répondre à cette question, considérant qu'elle est de nature métaphysique ou religieuse et non simplement scientifique. Mais le fait d'attribuer au seul hasard la réalisation d'une pareille coïncidence pose néanmoins un problème : celui d'avoir réussi à tester, pour obtenir le « bon univers », un nombre si immense de cas de figure qu'il est qualifié d'****inaccessible*** *par le mathématicien Émile Borel. Inaccessible car le temps requis pour une telle opération excèderait largement le temps écoulé depuis le big-bang !*

Face à cette difficulté, les tenants du hasard ont alors imaginé la théorie des multivers, en nombre théoriquement infini, ce qui permet d'en obtenir un qui soit habitable et dont nous aurions miraculeusement hérité. L'ennui est que la théorie des multivers reste une pure spéculation mathématique qui aura bien du mal à être vérifiée par l'observation (car comment l'homme pourrait-il sortir de son univers ?)

À LIRE

"Picaros et Pédoncules"

Romain Gary et l'en-avant de l'humanité selon Pierre Teilhard de Chardin

Jean-François Hangouët

Jean-François Hangouët est un spécialiste de l'œuvre de Romain Gary.

Dans cet ouvrage, il réalise une véritable exégèse comparée de l'œuvre de Romain Gary et du *Phénomène Humain* de Teilhard. Il montre à quel point, la pensée de Teilhard a influencé Gary et modifier sa vision de l'humanité.

Il s'appuie particulièrement sur Les *Racines du Ciel* et *Gros Câlin* publié pour ce dernier sous le nom d'Ajar, pour démontrer que la rencontre de Gary avec Teilhard a été une rupture dans sa pensée.

Dans le courant d'évolutionnisme du XIXe siècle, l'humanisme s'inscrit dans la perspective du progrès social avec toutes les idéologies que l'on connaît. Gary pense que l'Humanité peut se transformer dans une version morale du meilleur d'elle-même.

Au XXe siècle, la grande voix métaphysique de cet évolutionnisme prospectif, foncièrement optimiste, était celle de Pierre Teilhard de Chardin. Selon le savant-jésuite, l'Humanité est destinée non seulement à évoluer, mais à orienter sa propre évolution – et cela non pas par miracle, mais par l'esprit de dépassement et d'aventure, désormais réflexif et culturel, des « pédoncules évolutifs » : ces quelques éléments ou individus présents dans tous les groupes qui, depuis l'origine des temps cosmiques pour Teilhard de Chardin, ont été les pionniers, fût-ce à tâtons, de la complexification atomique, moléculaire, planétaire, organique, animale, humaine.

C'est bien par la voix de Teilhard de Chardin, qui plus est dans l'intimité de l'amitié vécue, à New York au début des années 1950, que Romain Gary fut initié à cette perspective élargie qui, pour mieux parler de l'humanisme, c'est-à-dire de l'homme et des responsabilités qui lui incombent, préfère à la pensée statique de la « condition humaine » le paradigme, scientifique et dynamique, volontairement ouvert à l'espoir, du « phénomène humain » (Teilhard), de l'« affaire homme » (Gary). Le jeune romancier qu'était alors Romain Gary venait d'être rudement éprouvé par son siècle : il était l'un des rares rescapés des forces aériennes de la

France libre de la première heure, sa famille avait été décimée par la Shoah, la Seconde Guerre mondiale l'avait tenu loin du chevet de sa mère mourante. Mais la vision optimiste de Teilhard de Chardin était puissante, comme l'étaient sa personnalité chaleureuse, sa poétique, sa confiance dans l'avenir. Romain Gary fut initié et conquis à ce point que l'horizon humaniste de ses romans en fut transformé à jamais : s'il laissait toute la place à l'absurde et au nihilisme dans ses premiers livres, il sera fait désormais, sinon du Dieu de Teilhard de Chardin du moins systématiquement, opiniâtrement, de lueurs d'aube et de promesses d'espoir.

Les vingt-deux chapitres de cet ouvrage examinent de manière analytique, méthodique et précise les relations des représentations du monde de ces deux penseurs devenus amis. Il n'est pas facile à lire mais il constitue en quelques sortes un travail de thèse universitaire rapprochant avec rigueur les références et notes de fin de page, qui sont nombreuses et rassemblées dans un chapitre de 40 pages en fin de l'ouvrage. À lire avec un stylo à la main.

Librairie Droz,
collection « Histoire des idées et critique littéraire » 2019
224 pages – 28,90 €

Dernières nouvelles de Sapiens

Sylvia Condemi, François Savatier

Voici un ouvrage de vulgarisation réussi, qui pourra intéresser un large public. Il nous est proposé par Sylvia Condemi, paléoanthropologue, directrice de recherche au CNRS de Marseille, et François Savatier, journaliste. En 2016 les mêmes auteurs avaient écrit un *Néandertal, mon frère*, qui avait reçu le Grand prix du livre de l'archéologie. (Nouvelle édition revue et corrigée en 2019 chez Champs sciences).

La paléoanthropologie ou paléontologie humaine est la branche de la paléontologie qui étudie l'évolution humaine. C'est une discipline qui peut évoluer vite, au gré de la découverte de nouveaux fossiles ce peut conduire à de « nouveaux scénarios ».

Homo sapiens est en effet une drôle d'espèce. On le pensait apparu quelque part en Afrique de l'Est il y a 200 000 ans, et voilà qu'on détecte sa présence bien plus tôt, et sur tout le continent. On le croyait sorti de son berceau il y a 80 000 ans, jusqu'à ce qu'on découvre, en Chine, des fossiles beaucoup plus anciens. Pire, ou mieux, comme on voudra : la génétique a montré qu'il y a peu, nous partagions cette planète avec d'autres espèces humaines désormais disparues et avec lesquelles nous nous sommes métissés ! C est dire l'urgence de faire le point sur nos ancêtres et d'écouter les dernières nouvelles de Sapiens. Des australopithèques au Néolithique, les auteurs nous content la fascinante saga d'un étrange primate, à jamais transformé par l'Évolution et par notre bien le plus précieux : la culture.

Au fil de sa lecture, le lecteur pourra remarquer les convergences avec la vision de Teilhard sur le Phénomène humain, écrit soixante-dix plus tôt. Quant à l'avenir, nos auteurs ne s'engagent pas si ce n'est pour observer que *« nous nous acheminons vers 10 milliards d'individus, ce qui, dans l'état actuel de l'organisation sociale, est beaucoup trop pour la planète, et surtout pour le reste des vivants. »*

BIOGRAPHIE DES AUTEURS

Silvana Condemi est paléoanthropologue, directrice de recherche au CNRS (Université d'Aix Marseille) François Savatier est journaliste au magazine « Pour la Science » où il couvre notamment les sciences du passé. Leur précédent livre, *Néandertal mon frère*, a été traduit en plusieurs langues et a reçu le Grand Prix du livre d'archéologie 2017.

Flammarion (octobre 2018)
154 pages – 12 €

D'où vient l'intelligence ? Est-elle une exclusivité humaine ? Les machines peuvent-elles nous dépasser ?

Stanislas Dehaene, Yann Le Cun et Jacques Girardon

L'histoire de l'intelligence est un peu celle de l'« indéfinissable », une capacité immatérielle détectée seulement par les actions qu'elle entraîne, ou par le résultat de ces actions, et dans laquelle se mêlent principalement la vie, le langage, les outils, les arts et les dieux.

Il y a intelligence dès qu'il y a adaptation d'un organisme à son milieu, sans qu'il y ait de cerveau. Elle a émergé avec la vie, s'est développée au fil de l'Évolution, s'est magnifiée avec l'espèce humaine... Grâce à cette mystérieuse intelligence, nous avons tout inventé : l'outil, le langage, l'écriture, l'éducation, la science, et la faculté de nous interroger sur le monde. Aujourd'hui, cette belle histoire connaît une révolution sans précédent. Pour la première fois, le cerveau humain peut visualiser son propre fonctionnement. Pour la première fois, il transfère une partie de son intelligence dans des machines capables d'apprentissage.

Au fil d'un dialogue fascinant, le grand spécialiste du cerveau Stanislas Dehaene et celui des neurones artificiels Yann Le Cun racontent, avec Jacques Girardon, cette longue aventure, des origines animales à nos jours, et s'interrogent sur notre futur. Les ordinateurs vont-ils bientôt éprouver des émotions, se doter d'une morale ? L'art, la beauté, la capacité d'improviser, d'anticiper, sont-ils à la portée de cerveaux immatériels ?

Ce que les auteurs esquissent ici, ce n'est rien moins que la prochaine étape de notre évolution. À l'évidence, la lecture d'un tel livre change radicalement le regard que nous portons sur nous-mêmes.

Comme l'a constaté Alain Picard du Groupe d'Aix-Marseille qui nous a recommandé ce remarquable ouvrage la complexité des domaines abordés et des problèmes posés par cet ouvrage sont gigantesques mais l'Homme détient néanmoins les clés de son avenir, pour le meilleur comme pour le pire...

BIOGRAPHIE DES AUTEURS

Stanislas Dehaene est neurobiologiste. Spécialiste mondial du cerveau, il est professeur au Collège de France, membre de l'Académie des sciences, directeur du laboratoire NeuroSpin et président du Conseil scientifique de l'Education nationale.

Yann Le Cun est le directeur du Centre de recherche en intelligence artificielle de Facebook. Il est aussi professeur à l'Université de New York et au Collège de France.

Jacques Girardon a été rédacteur en chef de *Sciences et Avenir* et grand reporter à *L'Express*. Il a rédigé plusieurs essais dont *La Plus Belle Histoire de la Terre* (Seuil, 2001) et *La Plus Belle Histoire des plantes* (Seuil, 1999). Il a publié son premier roman, *Mathusalem & Cie* (La Dilettante) en 2010.

Robert Laffont (octobre 2018)
288 pages – 21 €

La grande bascule : le XXIe siècle européen

Jean-Dominique Giuliani

« Des paysages politiques bouleversés, un retour des nationalismes, une parole politique et des manifestations plus violentes... Qu'arrive-t-il à l'Europe ? »

Quiconque souhaite comprendre les débats sur l'Europe trouvera ici une synthèse aussi claire que bienvenue sur les défis que doit affronter la construction européenne.

BIOGRAPHIE DE L'AUTEUR

Jean-Dominique Giuliani, spécialiste reconnu des questions européennes, préside la Fondation Robert Schuman, l'un des principaux laboratoires d'idées sur l'Europe et L'Institut libre d'études des relations internationales (ILERI), la première institution privée française d'enseignement des affaires internationales.

Éditions de l'école de guerre (mars 2019)
140 pages – 15 €

Contre l'écologisme

Pour une croissance au service de l'environnement

Bruno Durieux

Si l'écologie est une science rigoureuse, l'écologisme est son contraire. C'est une idéologie de combat dressée contre l'économie de marché. Elle émerge au cours des années 1970, dans la mouvance de la gauche américaine. Les « nouvelles droites » s'y retrouvent également. Les milieux populaires la rejettent.

Son hégémonie médiatique est écrasante. Pourtant, aucune de ses prophéties catastrophistes ne s'est concrétisée et l'Humanité enregistre des progrès spectaculaires *(même s'il reste encore beaucoup à faire).*

Malgré les cinglants démentis que les faits leur opposent, les écologistes poursuivent inlassablement leur pastorale de la peur et multiplient les victoires politiques. Ces trophées sont, en dépit des apparences, autant de périls pour la planète.

Forme contemporaine de malthusianisme, l'écologisme ne voit d'autre solution pour « sauver » la planète que d'imposer la « décroissance productive » et « la frugalité heureuse ».

Comme toutes les idéologies, elle opère un tri entre deux catégories de personnes : les fidèles, les écologistes défenseurs estampillés de la nature (en quelque sorte déifiée) qui adhèrent à la doctrine et les autres. Comme autrefois les fidèles pour se racheter de leurs péchés, nombreux sont ceux qui aujourd'hui achètent des indulgences en finançant des campagnes, des fondations et toutes sortes de manifestations et... plus nombreux encore sont ceux qui, soucieux de ne pas rester à l'écart de l'assomption écologiste, verdissent leurs façades.

En récusant la croissance économique quand tout démontre qu'elle est la seule voie de salut, l'écologisme stérilise les immenses réserves d'intelligence qui permettraient d'accueillir correctement les dix milliards d'individus attendus.

Est-ce vraiment le retour à l'Âge d'or qui nous est promis ?

BIOGRAPHIE DE L'AUTEUR

Conseiller au cabinet de Raymond Barre (1976-1981), ancien député (1986-1994), ancien ministre (Santé, 1990-1992 ; Commerce extérieur, 1992-1993), Bruno Durieux est maire de Grignan dans la Drôme.

Contre l'écologisme
Éditions de Fallois (mai 2019)
264 pages – 18,50 €

Les Fragiles étincelles de nos Feux Ardents

Léonard Lièvre

On a toujours tendance à voir, et c'est bien normal, la face sombre d'un mécanisme en mouvement et en évolution. Aujourd'hui, dans certains discours Internet est annonciateur de toutes les « décadences » et de tous les malheurs du monde mais l'histoire le démontre : le pire n'est jamais sûr et les pessimistes de tous temps finissent toujours aux oubliettes.

Bien au contraire, selon l'auteur, il suffit de regarder son téléphone portable pour voir crépiter et se muer la *Noosphère* décrite il y a près d'un siècle par l'un des plus grands penseurs du XXe siècle : Pierre Teilhard de Chardin.

Une chose est certaine, Internet est une réalité et une évidence ! Peu à peu, qu'on le veuille ou non, la Toile impose sa dynamique qui s'accélère. Elle aboutira à une nouvelle vision de l'homme et de sa place dans l'univers. Petit à petit, nous avançons vers une nouvelle dimension et de nouvelles unions pour remplacer celles qui, déjà, se fissurent sous nos yeux.

Et si ces photos et autres messages partagés sur Internet participaient d'un mouvement de transmission des savoirs et des émotions ? Et si cela nous permettait, de manière nouvelle, insidieuse et finalement très subtile et sensible, d'apprendre les uns des autres ? Nous n'en sommes dans ce domaine qu'au stade de l'expérimentation et de l'organisation. Nous taillons nos premiers silex et demain notre « *coup de main* » sera plus agile, plus précis et donnera naissance à un objet plus équilibré, plus percutant et plus élégant. À l'heure de la *Noosphère* nous n'avons pas encore inventé la roue !

BIOGRAPHIE DE L'AUTEUR

Ancien élève de l'école du Louvre, Léonard Lièvre est journaliste et à ce titre grand voyageur. Dés sa jeunesse il a été sensibilisé par l'œuvre de Teilhard de Chardin – son grand-oncle Max Bégouën étant un ami et l'un des premiers admirateurs de Teilhard – et a toujours été frappé par les similitudes d'une vision née à l'heure où l'ordinateur n'existait pas et la réalité du monde dans lequel nous vivons aujourd'hui.

Les acteurs du savoir
105 pages – 11 €

Dans les yeux de Mona Lisa

Alain le Ninèze

L'histoire au travers les yeux de Mona Lisa

Cinq siècles après la mort de Léonard de Vinci, Mona Lisa parle.

Cinq siècles à écouter, observer, espionner... Elle raconte ici son histoire, depuis le temps où elle vit le jour à Florence jusqu'à notre époque où, devenue le plus célèbre tableau du monde, elle trône en idole au musée du Louvre.

Célébrité, disgrâce, kidnapping et agressions diverses, détournement d'image, vie clandestine pendant les guerres, voyages diplomatiques à travers le monde, la Joconde a traversé bien des épreuves. Elle a fréquenté aussi les grands de l'Histoire, de François 1er à John F. Kennedy en passant par Louis XIV et Napoléon. Et elle a vu, parfois, ce que ses yeux n'auraient pas dû voir...

Une œuvre originale qui permet agréablement de se remémorer de larges pans d'histoire souvent oubliés ou passés sous silence.

BIOGRAPHIE DE L'AUTEUR

Essayiste et romancier, Alain Le Ninèze est l'auteur d'une dizaine d'ouvrages.

Passionné par l'histoire de l'art, il a aussi raconté l'histoire de Michel-Ange décorant la chapelle Sixtine dans un roman historique récemment paru, *Libica. Michel-Ange et la Sibylle.*

Ateliers Henry Dougier (mars 2019)
187 pages – 16 €

Geneviève OLIVIER-SALACROUX est décédée dans sa 101e année, le 4 décembre 2019

Une grande teilhardienne de la première heure vient de nous quitter. Découvrant la pensée de Teilhard lors de la conférence qu'il a donnée en 1954 sur « L'origine de l'homme », à l'Institut de géographie de Paris, elle a ensuite lu et relu ses textes, mêlant toujours plus étroitement sa pensée à sa vie de chrétienne. Elle a ainsi sans cesse gardé son regard orienté dans l'action vers « *l'Avant* » et le « *Plus être* ».

Dans les années 80/90, elle a été administratrice de notre Association où elle a largement contribué à diffuser la pensée de Teilhard avec le P. Pierre NOIR s.j. et au sein du Groupe de lecture VOIR.

ENTENDRE PLUS

Chroniques Teilhard Aujourd'hui sur RCF
du 1er janvier au 31 mars 2020 :
à écouter en direct ou en podcast

https://rcf.fr/culture/philosophie/teilhard-de-chardin

N° Chronique	Date	Sujet	Qui
18	04/01/20	Comment est né le concept de noosphère dans « le phénomène humain » ?	Gérard Donnadieu
19	11/01/20	Comment définir le Point Oméga ?	Marie Bayon de la Tour
20	18/01/20	La conscience : de quoi s'agit-il ?	Chantal Amouroux
21	25/01/20	Fidélité de PTC	Marie Bayon de la Tour
22	1/02/20	« Teilhard, mystique du xxe siècle »	Chantal Amouroux
23	8/02/20	L'Ultra-Humain de Teilhard	Hilaire Giron
24	15/02/20	Teilhard et la Croisière Jaune	Jean-Philippe Selles
25	22/02/20	La mort source de vie	Hilaire Giron
26	29/02/20	Twitter, quelle pertinence dans la Noosphère ?	Léonard Lièvre
27	07/03/20	Serrage planétaire	Jacques Masurel
28	14/03/20	Teilhard et l'eugénisme	Gérard Donnadieu
29	21/03/20	Amour infini	Yves Garçon
30	28/03/20	La Place de l'Homme dans la Nature	Jean-Philippe Selles

Pour en savoir plus

https://rcf.fr/actualite/journal-rcf-maguelone-herault

AGENDA

Toutes les informations complémentaires sont sur notre site **www.teilhard.fr** *ou par téléphone au 01 42 84 13 71, lundi, mardi et jeudi*

ÉVÉNEMENTS SUR LA PENSÉE DE TEILHARD

PARIS / Centre Sèvres – Du J. 28 au S. 14 décembre
Exposition : *Rencontrer Pierre Teilhard de Chardin*

TROYES – J. 23 janvier 2020/ 20 h 30
Conférence de Jean-Michel MALDAMÉ, *Les forces du Mal existent-elles ? sous quelles formes ? Face au Mal et à la souffrance, quels repères ? quel combat ?*

PARIS / Basilique du Sacré-Cœur – Me. 22 et Je. 23 janvier
Séminaire réservé aux adhérents de l'Association : *Les réponses de Teilhard aux problèmes rencontrés par l'Église du XXIe siècle.* (Voir annonce dans la revue)

PARIS / Saint-Honoré Honoré d'Eylau – J. 27 février – 18 h 00
Conférence Marie Bayon de La Tour, *Teilhard de Chardin par les siens*

CHAVILLE / Forum des Savoirs – S. 14 mars
Conférence de Chantal Amouroux, *Un scientifique peut-il être croyant ?*

MONTPELLIER / Centre Lacordaire – Les Me. 22 et 29 avril – 9 h 30
Conférence d'Hilaire Giron, *« L'union différencie ». Teilhard et la question de l'égalité.*

PARIS / Saint-Roch – J. 11 juin – 18 h 30
Conférence de Remo Vescia, *Teilhard et Zundel poètes mystiques.*

ÉVÉNEMENTS AUTOUR DE LA PENSÉE DE TEILHARD

PARIS / ICP – Du Ma. 28 au jeudi 30 janvier 2020
Colloque du Theologicum, *« Dieu guérit-il encore ? »*

Pour en savoir plus

https://www.teilhard.fr/calendar-node-field-event-date/upcomingEvents

Achevé d'imprimer
par Isiprint (France)
en décembre 2019
pour le compte de

SAINT-LÉGER ÉDITIONS

Dépôt légal : décembre 2019